不登校、頼ってみるのもものだ

小林高子

CROSSMEDIA PUBLISHING

はじめに

前著『不登校になったら最初に読む本』を世に出してから、ずいぶん時間が経ちました。

本を読んだことでご相談くださる方も多く、最初から親子がそろって、「アドバイスを聞いてみよう、助けてください」とおいでになる方もいますが、「子どもを家から連れ出して、相談に連れてくることは至難の業だ」とおっしゃる方も多数いらっしゃいます。

子どもを連れ出せないという方たちにいろいろなアドバイスをするのですが、「すぐ解決してほしい」となると、すぐできることというのは、なかなか思いつきません。言葉で伝えるのはとても難しいです。

親は味方で頼りになると思っている間は、子どもは、親の提案にのってきます。しかし、親はキライだ、言う通りにしても何もいいことはないとなると、耳を貸さなくなっていきます。

父母が出す助け舟に子どもがのってこないのは、親子関係がこわれていることが背景にあると感じます。

最初は、小さなひび割れだったものが、気づくと大きな断絶となっていきます。親だけでなく社会にも心を閉ざすことにつながってしまうのです。

ですから、一日も早く、**親子が敵ではなく親子は助け合うものだ**と、子どもも親も理解し、親子関係を立て直すことに目を向けてほしいとの思いを強くします。

それをテーマに、新しく本を書いてみようと始めたのが、本書『不登校、頼ってみるのもいいものだ』です。

この本で最も伝えたいことは、**子どもと会話が成立するような関係をつくるのは、子どもではなく親の方からの働きかけが必要であること。**これを、ぜひとも理解してもらいたいです。

さらに、親子が不登校の悩みから抜けていく再出発の道について、進んではすぐに止まってしまうものではなく、子どもが力をつけながら、長く歩み続けられるものを見つけていくのも、お父さんやお母さんの考え方や示す方向にあると思います。

それについても、アドバイスとなれば幸いです。

また、この本の中には、父母のアンケートや子どもたちの生の声も入っています。悩みから抜け出した父母や、悩みを抜けていく途中の家族の言葉などは、なかなか聞く機会のないものだと思います。

不登校の〝イヤとの戦い〟に疲れたあなたに、一人の力での限界を知って、誰かを頼ることで、出口の見えない暗いトンネルから抜ける道のヒントを見つけていっていただきたいです。

「あのときは苦しかったね。だけれど、頼った人が良かった。出会いのおかげで、今日があるよ」と、後になって、親子が屈託なく笑える日のために、この本が、誰かの助けになれますように。

フリースクール元気学園　校長
小林高子

目次

第2章
お母さんレッスン
不登校に悩むお母さんの心を軽くしたい

第3章
お父さんレッスン
不登校に悩むお父さんが家族のためにできること

第4章 子どもを助ける親になる 今日から始めてもらいたい行動のヒント

あとがき

第1章

不登校“迷路”のこたえ

不登校を知る
わが子を知る

みんな不登校のことを知らな過ぎる

親が子どもの不登校を、「何とかしたい」という気持ち、応援したいです。父と母が腰を据えて、不登校に向き合うのは、大賛成です。

在校生の父母に、不登校になったときの心境についてアンケートを行いました。そこには、今この本を手に取っているみなさんと同じであろう声が集まりました。最初は、「**自分の力で**」と奮闘した父母の姿がありました。

わが子なのに自分でなんともできないのか！　といった自分に対する罪悪感に押しつぶされそうだった。

この子は自分たちがなんとかしなければと、親としていろいろ思考し行動するも、八方ふさがりの日々で、母である私の思考が止まってしまった。
　不登校のことは何となく新聞などの報道で知っていましたが、まさか自分の子どもがそういったことになるとは思っていなかったので、何が起こっているのか全く理解できませんでした。今から思えば、こうした状態のまま、しばらくは、全く的外れな対応をして時間を無駄にしてしまったかと思います。

　このような気持ちをもちながら、「どうしたらいいか、わからなかった」というのが、アンケートでの全員一致のこたえでした。

30年近く、不登校支援をしてきて思うのが、「みんな、不登校のことをわかっていないなぁ」ということです。子どもが、どこでこわれていくのか、どうしてゲームにのめりこむのか、親ができることと任せた方がいいこと、相談や教育施設の役割の違いについて知れば、遠回りしない対応ができると思います。
　この本を読み進めることで、不登校への理解が高まっていくことを期待します。

不登校を知る、わが子を知る

現在、不登校は、低年齢化しており、このところ小学生の不登校が急増しています。義務教育期間である小中学生の不登校は、19万6000人（2020年度文部科学省調査）です。

また、最新の調査では、若者の引きこもりが、54万人。これは、鳥取県の人口と同じくらいです。鳥取県の生まれたばかりの赤ちゃんから高齢者まで全員が引きこもりという計算です。

その若者の引きこもり原因の一位が、不登校です。

引きこもりの数を、県一つ分と身近に感じると、それだけでも驚きですが、不登校から引きこもりになる原因の多さも気がかりです。

この事実は、不登校が引きこもりになりやすいということだけでなく、不登校が継続して、そのままの状態の人が多いということも物語っています。

若者が心を閉ざしてしまうのは、なんと悲しいことでしょう。そうなる前、不登校の間に、明るい場所に堂々と出ていけるようにしていきましょう！

コロナ禍になって保健所が大忙しということで、公務員となって保健所に勤めている卒業生から、「ニュースに出ます」と連絡が入りました。画面に見える、いきいきと活躍している姿は、出会ったときの、うなだれていたものとは別人でした。

この子とは、不登校になってすぐに出会えたのがよかったと思います。

不登校のことを知るのと同じくらい大切なのが、わが子を知ることです。

子どもの性格や、理解力、何ができて何ができないのか、得意なことと苦手なこと、交友関係、体力や体調不良、学校で何に困っているのか、学力についても、関心をもつといいと思います。

不登校を整理してみました

不登校は二層構造になっていると考えると、とてもわかりやすいです。不登校の原因になるものと、家でこじらせていくものの二つにわけてみます。

Aは、学校に行かない／行けない不登校の原因。

Bは、親の言うことを聞かない／意思疎通ができない、親子の葛藤です。

Aは、教育エリア。実力を身につけて、将来の仕事につながるものです。

Bは、感情エリア。不登校が心の問題といわれる大半の原因はここにあります。

解決の方向は、B→Aです。

私は、Aエリアが、重要だと考えています。

「不登校の二層構造」と「イヤの壁」

●不登校の二層構造

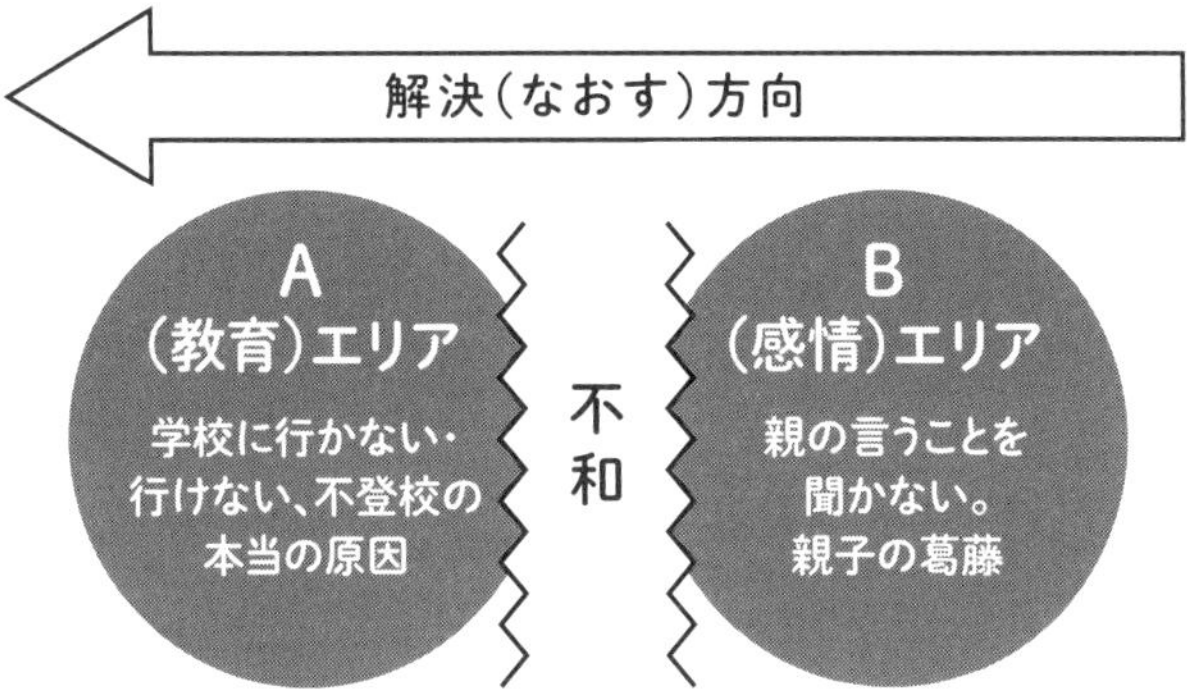
解決（なおす）方向
A
（教育）エリア
学校に行かない・行けない、不登校の本当の原因
不和
B
（感情）エリア
親の言うことを聞かない。親子の葛藤

●イヤの壁（イヤの壁は三重になっている）

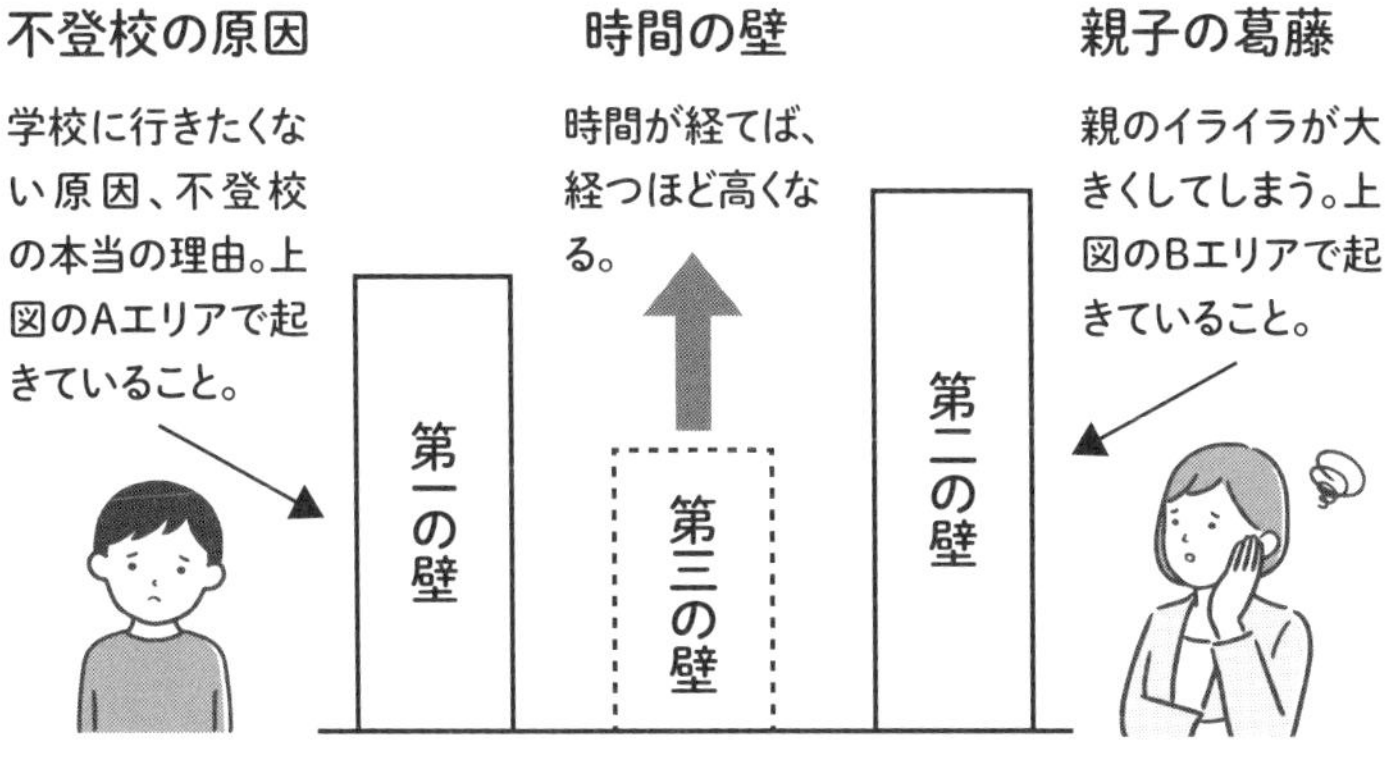
不登校の原因
学校に行きたくない原因、不登校の本当の理由。上図のAエリアで起きていること。
時間の壁
時間が経てば、経つほど高くなる。
親子の葛藤
親のイライラが大きくしてしまう。上図のBエリアで起きていること。
第一の壁
第三の壁
第二の壁

本当は第一の壁を解決しなければいけないのに、多くの家族が第二の壁の前でつまずいています。そして、時間が経つほど、第三の壁が高くなり問題が深刻化していきます。

不登校って、本当の原因に当たらない限り、解決しないのです。

繰り返したり長引いたりするのも、原因に達するようなアプローチができていないからだと思います。ただ、このAエリアに切り込むのが難しいのです。なかなか、原因に近づくことができない。

近づこうとすることで、逆に家族でもめる原因となってしまいます。図でいうと、「イヤの壁」の第二の壁が高くなってBエリアが厚くなるイメージです。こじらせるから、子どもの好き勝手を容認するしかなくなり、助ける手段を失ってしまう。するとまた、第三の壁（時間の壁）がうまれてくる。

Bエリアは、親子関係が主体のところ。Aに進むためには、ここの対応がとても重要です。

AとBは相互に作用しています。しかし、問題そのものに焦点を当てると、**不登校**

になる原因（A）と、不登校になって親の言うことを聞いて動かない（B）ことは、別問題と考えてください。

周囲からのアドバイスを聞くときに、どのエリアのことを言っているのかな？　と想像すると、わかりやすいと思います。

Bエリアは家族が解決できるところです。しかし、Aエリアは、学校にかわる教育を授けてくれるところ。Aエリアに深く入っていくのが難しいのが不登校です。

行動を変える、考え方を変える

元気学園の運営を通じて、約2万人にも及ぶ在校生や卒業生、相談にくる父母と出会ってきた中で得たこたえの一つが、**「親の考え方が変わらないと、子どもは元気にならない」**ということです。

どの父母も、結果をほしがっています。

「元気になってもらって、笑って家族で会話したいな」

「朝、気持ちよく学校に行ってくれたらいいいな」

心に浮かぶことを実現するには、言葉だけでは何も起こりません。親自身の行動を変えないといけないのです。そして、**行動を変えるためには、考え方を変えていくことです。**

「学校に行け」なんて、お母さん本人は言っていないと思っていても、いえいえ、気づかないうちに相当言っているようですよ。

当校のある生徒とお母さんの親子での買い物に、他の生徒がついていったことがありました。

ちょうど、学校復帰の話が出てきたタイミングでもあって、子どもの方はナーバスになっていました。

私からお母さんに「あまり学校、学校と言うとこわれてしまうから、気をつけてくださいね」と、アドバイスすると「わかりました」とのお返事。

買い物から帰ってくると、子どもに元気がないので、お母さんに「学校のこと、言いました？」と聞いたら、「一言も言っていません」と断言されたのですが……。

一緒に行った子に聞いたら、「車の中では、ずーーーっと学校の話ばっかりでした。かわいそうになっちゃいました」と言うのです。母親は、全く言っていないつもりでも、どうも違ったようです。

また、これは男子がよくする話なのですが、「お母さんは、最初はぜんぜん違う話題なのに、最終的には同じ話に行き着く。結局はがんばれとか、努力しろとか、勉強しろとか、学校大事って言う。毎回同じだから口も利きたくなる」と、口を揃えます。

別の生徒は、「家ではずっとダメ出しをされて、批判され続けてつらかった。これじゃ、子どもをこわしちゃう。私が大人になったら、こんな母親になってはいけないなって思っていた」と言うのです。その生徒のお母さんに聞いてみたら、「私、批判なんて一つもしていませんよ。それより、ずっとあの子は寝ていて会話なんてしていませんでした」と、またもや、すれ違いがありました。

このお母さんたちの擁護をしておくと、普段はとてもよい方たちです。

ここでしたいのは、母親批判ではありません。心の中にあるものは、知らず知らずに出てしまうという例です。

ふとしたときに、出てしまう言葉や態度にこそ、その人の考え方が表れます。

だから、とってつけたようなものではなく、親の考え方全体を変えないと、子どもは元気にならないのです。子どもは、建前の後ろにある、親の本心をじっと見つめています。

ママ&パパ VOICE アンケートの声

親子間の距離を置いてみて

わが子が不登校になったのは、高2の4月。

最初は、何をしたら良いかわかりませんでした。誰かに相談すれば解決できるのか、子どもを諭せば動き始めるのか、ただ待っていれば良いのか……。

すぐに元に戻るだろうと楽観視していましたが、長引くにつれて、このまま何十年も続いたらどうしよう、と思うようになりました。親としては、無理にでも学校に行かせようとしました。

まず相談したのは、高校の学校カウンセラーです。「待ちましょう」「お母さんがリフレッシュして」と言われて。確かにそうなんだけど何も変わらない……。このとき、子どもにとっては、「今日学校どうするの？」と聞かれるのも嫌だったそうです。

読者の方にアドバイスするなら、自分たちで解決するのが無理だと思ったら、誰かを信じて頼ること。すぐ動くこと。

根本的な問題に目を向け、解決する道筋を示してくれるところが必要だと思います。また、親子が互いから離れることによって、親子関係の再構築や生き直しができる気がします。

なおすとこわす

不登校になると、**「なおすとこわす」**の二つの方向が出てきます。

通常考えれば、親御さんみなさんが子どもをなおす方向に言動が向いているはずです。しかし、不登校での応対は、なおそうとすればするほど、こわしていることがあります。

しかもこれは学校よりも、家庭の中で起こっています。

父母へのアンケートで、親子で対処したときに、

「学校に行けばなんとかなると思って無理やり行かせようとした」

「学校に復帰しては、また行けなくなるのを繰り返すうちに、学校に行かせることが目的になった」

「学校にどうやって戻せばいいかわからなかった」

という意見があり、みなさん、学校に通っていたころの元通りの生活を望み、苦労しています。

ここに、こわす際どさがあります。

こう考えてみてください。子どもが学校に行かなくなるのは、そこに何かしらのつらいことがあって、学校から家に逃げ込んでいるのだと。ようやく「安全な場所」に来たとホッとしている、それなのに、イケイケと追い出される。

家は避難所・安全な場所

学校
家へ逃げ込む。
安全・安心で
ホッとしたい……。
家
部屋に逃げ込む
なのに、ママもパパも
「学校に行け!!」と
言うばかり……。

それで、子どもたちは〝イヤ〟だという壁をつくります。これが、イヤの壁の二つ目にあたるものです。

さらに、「そんなヤツはうちの子じゃない」「行かないなら働け！」など、世話を焼き過ぎると、家族の家から家出します。**家に居場所がなくなって、家の外ではなくて、自分の部屋に逃げ込んだのが、引きこもりなのだと思います。**

そこからは、暇だから、ゲームやアニメなどで暇つぶしをする。親子

イヤの壁（イヤの壁は三重になっている）

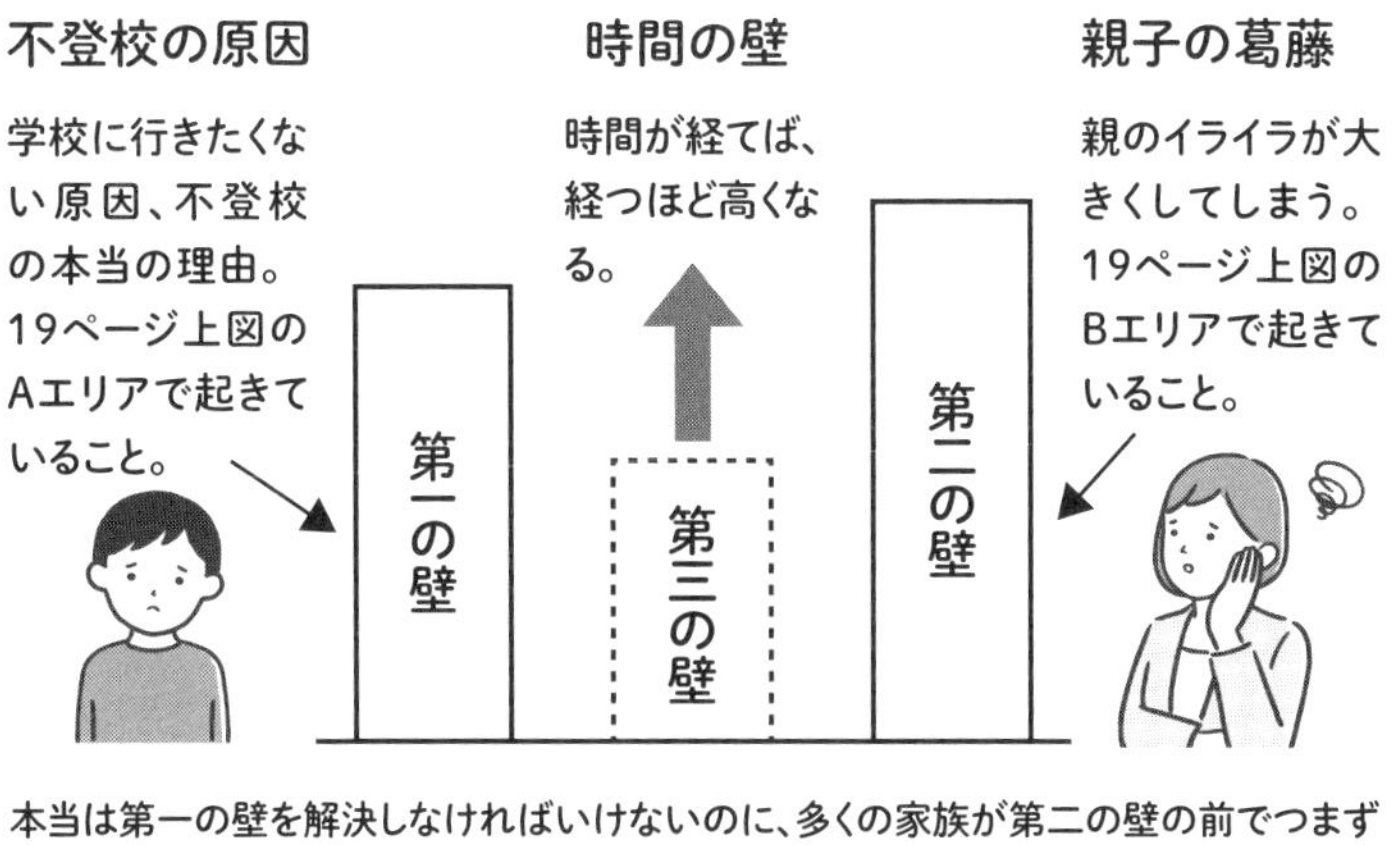
不登校の原因
学校に行きたくない原因、不登校の本当の理由。19ページ上図のAエリアで起きていること。
時間の壁
時間が経てば、経つほど高くなる。
親子の葛藤
親のイライラが大きくしてしまう。19ページ上図のBエリアで起きていること。
第一の壁
第三の壁
第二の壁

本当は第一の壁を解決しなければいけないのに、多くの家族が第二の壁の前でつまずいています。そして、時間が経つほど、第三の壁が高くなり問題が深刻化していきます。

げんかで、クサクサした気持ちになると、愚痴を言い合えるサイトにアクセスする。不登校の裏で行われる教育だけが、着実に授業数を増やしていきます。

19ページの上図の矢印が、なおす方向です。BからAへ向いています。Bエリアでの軋轢を生じさせ、こじらせると、全くAエリアには達しません。BとAの間に岩盤ができてしまったのかと思うほどです。そうなってしまうと子どもは、親が提案することに、ことごとく背を向け始めます。これが、第三の壁（時間の壁）を大きくします。子どもとの関係が悪くなると、子どもの好きにさせるしかない状態になってしまいます。それが、不登校が長引く原因です。

だから、**不登校対応の第一の姿勢は、なおそうとするより、こわさないことの方に注意を向けるとよいです。**こわさなければ、マイナスをゼロにする苦労はいりません。

雪が降らなければ、雪かきする必要がないのと同じです。

なおすというのは、子どもが元気になっていく方向のことです（なおすという言葉が適切でないかもしれないですが、他に簡単に表現できる言葉が思いあたらないので、使わせてください）。

イヤと言っているのは、あなたの子ども。わが子だから、「何を言っているのだ」と言い返せるのかもしれないけれど、わが子だから、「お前がそう言うのには理由があるのだろう」という考えもあるかと思います。

私は、すぐに学校に戻すのは無理だと思っています。

子どもがイヤという原因もわからないまま、それについての解決もせず、元の学校に戻れるとは思えないからです。しかし、**不登校の原因を知り、実力をつけてからなら、学校復帰はできます。**

やらないよりマシの行動が、結果、悩みを深くする

子育てや学びについては、教育を受けたことのない人はいないので、誰かが何かしらのアドバイスをしてくれます。しかも今は、インターネットに山ほど情報があって、どれを信じていいかわからなくなると父母へのアンケートにもありました。**親に考え方の軸がないと、惑わされてしまいます。**特に、不登校の原因を解決しつつ、教育するところは、しっかり見極めたいところです。

やらないより少しでもした方がいいから組み立てる不登校対応。確かにその通りなのですが、イヤをBGMにした声を聴くことを出発点にしたら、楽なことからしか始められません。これが、日本における不登校対応の主流になってしまっているのは、困ったことだと思います。

「する・しない」ということなら何かしらしているのですから、ゼロよりかはいい。しかし、わが子の能力はその程度なのでしょうか？

その子の才能は伸ばせるのでしょうか？

元気学園ならば、イヤとは別の次元からスタートします。最初が肝心です。どこを入り口にするかが、行き先を決めるからです。

心は後からついてくるから、気持ちから入らない。その子の潜在的な能力を開花させるような教育環境にしたいのです。

このところ、オンラインや通信が不登校の子どもたちをザバーッと引き込んでいきます。やるかやらないかは、あなたの自由。それで、うまくいく子もいるかもしれないけれど、あなたのお子さんは、どうでしょうか？

子どもの性格や毎日の習慣から、「子どもを知ろうとする」目線で考えてみてください。

一人一人にきちんと向き合っているところと、大勢の中の一人のところの違いはとても大きいです。成功した数名に目をとらわれるのではなく、それは全体の何パーセントなのか、その他の子はどうなったのかまで、視点を広げてみてください。

私は、**一人の問題に深くかかわってくれるところをお勧めします。**

以前、国会で、通信制高校がほとんど授業をせずに卒業させていることが問題となりました。高校生の知能が伸び盛りの時期に、何もさせずに大人になることについて、誰が考えるのでしょう。

何もしなくて、証書だけもらって、表向きの形だけ整えてあげたとしても、結局、力をつけるのは本人にしかできません。実力をつけずに大人になれば、社会に居づらくなってしまう。その方向に、親が導いてしまわないように気をつけてください。

また、少しでも勉強しているからいいというのも、わずかでも前向きなことをすれば、問題は解決したと安心した気分になっているだけです。

これでは、**なぜ学校に行かないのかの理由を掘り下げることもなく、見るべき焦点をぼやけさせてしまいます。**

不登校を認め、その原因を見つめることは気分のいいことではないかもしれないけれど、親子にとっては、**つまずきの理由を、この年齢で知ることができるのは、ある意味ラッキーチャンス。**後回しでも、そのうちでもなく、今日だから、間に合うことがあります。10代には、そのときしかない成長があるから、時機を逃さないで！

学校に行けないのを認めるところからスタートしよう

学校に行ってほしいという親の気持ちを理解するからなおさら、**「学校に行けないのを認めるというところからスタートしましょう」**というのがこの本のスタンスです。

なぜかというと、不登校は急になったと思っている方が多いのですが、そうではありません。

子どもは学校に長い間通っています。中2で不登校になったなら、小学校の6年間と中学校の1年間の合計7年間です。何年間学校生活をしているか、わが子の年齢で計算してみてください。その**積み重ねの中で、〝イヤ〟が蓄積している。**不登校は学校生活の中のいろんな〝イヤ〟が複雑に絡み合ってできています。新しいところに行くのが〝イヤ〟と言っているわけではないのです。

ですから、行かないと言い出したときは、もう、一歩も進めないというサイン。ここから、ギューッと絞ると、こじらせることになってしまいます。


ねじが閉まらないからといって、ドライバーでどんどん締め付ける。そうすると、ねじ穴の方が壊れてしまいますよね。ねじは交換できても、ねじ穴がつぶれてしまえば、二度とそこにねじを入れられなくなってしまう。

それと同じように、締め付けるのは、再出発の手掛かりを失わせてしまうので、やめた方がいいのです。

それより、学校に行きたくないような何かがあるということは、孤独感や疎外感を感じているはずです。心細い気持ちだから、パパとママのあたたかさを伝えたい。

どんなときも、**「君が大切だよ。親がついているから大丈夫」**という言葉とともに。

こじらせタイプと、許容タイプ

この数年来の不登校対応の変化としては、社会全体が不登校について寛容になっていることです。

相談に来る親御さんの中にも、「職場でも、『不登校ってたくさんいるから、学校に行かないくらいで悩まない方がいいよ』と言ってくれる人がたくさんいるのです」と語る方に出会います。

このタイプは、断然、都会の人に多いです。特に、東京近辺ですね。不登校は日本中のどこにでも起こっていますが、地域によって、ずいぶんと考え方や対応が違っています。たくさんいるから問題が簡単だというわけではありません。

例えば、ガンという病気は、多くの人がなっていても、命に関わる病です。早期発見、早期治療が肝心（これは、不登校問題と同じです）。

不登校の難しさは、**生きていくための力をつける時期である10代に、その準備をせずに大人になっていく**ことです。不登校の状態を許容し過ぎて、状況を温存するのは問題の先送りになるのでよくないと思います。

人数が多くても少なくても、本人及び家族にとって、（そのままの状態が続けば）たいへん深刻な事態に発展しかねないのが不登校です。

不登校はいっぱいいるからというお母さんのところにいる子どもたちは、雰囲気がよく似ています。しっかりと受け答えもでき、会話もするし、表情もごく普通です。日常生活では、全く問題ない様子です。

しかし、**いざ何かを始めようとすると、するすると手から抜けていく。**その場から逃げたり、動かなくなったり、黙ってしまったりして、ことが進まない。

しかし、家に戻ると、またいつも通り。「さっきのは、何だったのだろう?」と親を困惑させます。

まるで、暖簾に腕押しで、「何か」が始められません。

親子の仲良し関係を保つために、臭いものにはふたをしろという状態になっているとしたら、不登校の原因に切り込まない限り、この状況に風穴をあけることができません。先ほども言ったように、19ページのAエリアへの侵入は、なかなか厄介です(本人が、一番の抵抗勢力だったりします)。

親が許容することが、切り込む時期を遅らせて、その間に、より一層壁を高くして入り込ませないようにしてしまいます。

生活の場では、普通に見えるので、もうちょっとでどうにかなりそうに見える。

しかしながら、**「もうちょっと」というのは、「全然、ちょっと」ではありません。**

そうやって、長引かせている家族の相談をよく受けます。

私としては、本人の、のらりくらりと隠すような態度には、必ず理由があるので、まず、**親の方が先に気づいて、切り込んでいくことへの勇気をもてるといいなと思います。**

一方、こじらせタイプをはかる尺度は、「**人の言葉に耳を傾けるかどうか？**」。言い換えると、拒絶がどれほどか？　それは怒りの度合いでもあります。イヤの壁の高さに比例します。

いずれにしても、状況を変えるには、親の果たす役割が大きいです。

オタオタするのは、意外といいこと

先ほどの話の続きですが「うちの子、不登校だけど、職場の同僚は『不登校だからっていいじゃない。元気なんだから』と言うし、周りにもたくさん不登校の子がいるから、大騒ぎする必要はないのかも」とおっしゃる方も増えてびっくりしています。

やさしいお友達は、あなたを思って慰めてくれているのでしょう。でも、そこで、安心してしまわないで！　というのも、**親の「どうしよう！」という気持ちは、大きなエネルギー**になるからです。

カウンセリングや相談に行って、イライラする気持ちだけ切り離されて、「まあいいか……」となるよりは、**ドタバタしたり、オタオタした方がずっといい**と、私は思います。

何か行動を起こすにも、変化に勇気をもつことも、すべてエネルギーがないとできないことです。そのエネルギーを正しい方向に進められれば、子どもを助けることができます。実際に、不登校は子どもの成長にとって重大な局面ですから、ヘラヘラ笑っているより、目をつりあげて、ドタバタしている方が自然です。

本人にだって、**「自分のことに親は真剣に向き合ってくれている」**と伝えることができます。

「自分のことだから、自分で責任を負いなさい」と放っておかれると、子どもはどれほど心細いでしょうか。親に学校のことをとやかく言われないのは、気楽でいいけれど、自分の将来を考えると「親は頼りにならない」と思ってしまいます。そのせいで部屋にこもって、意思疎通できなくなるより、オロオロ、オタオタしながらでも、逃げずにいてくれる方が心強く感じるはずです。

ドタバタ、イライラ、「どうしよう」のエネルギーは、悪い方に向けば不登校をこじらせてしまいますが、良い方に向けば、助けてくれる人との出会いにつながります。

不登校の裏で行われる、もう一つの教育

学校に行っていない間、子どもたちの時間は完全に止まっているかというと、そんなはずはありません。むしろ、世の中の見方や考え方といった部分で、自分を正当化するように独自の価値観をつくりあげていっています。

人は誰しも、自分を肯定しなければ、心地よく生きていけないですよね。

そこで、親子喧嘩でもめていて、いつも「ダメだ」「足りない」と言われ続けて腹立たしい時間を過ごしていると、「自分は悪くない」という気持ちが膨らみます。すると、「自分ではなく、悪いのは、親だ」と親を恨む、親だけでなく「悪いのは社会だ」と社会を恨む、誰か特定の人に憎しみを感じ、仕返しをしたいと思うようになってしまいます。

こじらせてはいけないというのは、子どもたちの曇った心が続くとその性質すらゆがんでいくからです。これが長い間続くと、それはまるでその子の性格になってしまいます。

また、今は、ネット上に文句や不満、ひがみや妬みのはけ口のようなサイトがあります。心が荒んでいくと、このようなサイトにある意見に同調してしまいます。同じような境遇の子同士が、引かれ合い、親の悪口を言い合い、家出の約束をする。そんな危険性があるのです。

親の常識とは全く違うものが、ネットの世界にあり、その子の中にスルスルと入り込んでしまう。怒っていると、家族への遠慮や正義感といった抑制も消えてしまって、フィルターなしに情報が行き来します。

また、その世界の住人たちは、自分と同じ境遇であることが仲間とのつながりを強くしていると思っていて、不幸から抜け出そうとすると足を引っ張ってきます。

不登校をこじらせれば、大人の知らないところで、驚くような教育に引き込まれてしまう。不登校状態が長引くのがよくないのも、同じ理由です。

不登校の裏で行われる教育は、とても危険です。場合によっては、取り返しのつかないことになってしまいます。

この状態を端的に、教育学者の苅谷剛彦氏が語っています。

> 意欲をもつ者ともたざる者、努力を続ける者と避ける者、自ら学ぼうとする者と学びから飛び降りる者との二極分化の進行であり、さらに問題と思われるのは、降りた者たちを自己満足・自己肯定へと誘うメカニズムの作動である。

『階層化日本と教育危機』（有信堂高文社）２１１ページより

あなたの子どもは、今、どこにいるのでしょうか？
意欲をもたない者なのか、努力を避けているのか、学ぼうとしているのか？
学びから飛び降りて、「遊んで暮らして何が悪い」「自分の周りは、似たようなものだから大丈夫」といった自己満足・自己肯定へと誘う世界が子どものすぐそばに、家の中に入り込んでいます。

子どもにとって、親は味方だ、自分を大切にしてくれているという気持ちは、最後のところで、裏で行われる教育に足を踏み入れることをとどめてくれます。

大切なわが子の心、性格。子どもとは、すねた世界に入り込ませない付き合い方をして、意欲をもって学ぶ場所に、導いていきましょう。

親は、2で10を理解しようとしている

「親って、子どものことをあまり知らないものなのだなぁ」と、この仕事をしていてよく思います。

例えば子どもの性質について、不登校の子どもたちは一見大人しそうに見えても、実はものすごく負けず嫌いだったりします。そういった面に全く気づけていない親御さんもいらっしゃいます。

何か一緒に作業でもすればすぐにわかることですが、親子で協力し合うような経験がないのかもしれません。もしくは、「この子は、こういう子」といった**思い込みが、目を曇らせている**のかも。

子どもの「できること」、「できないこと」をよく知らないということも見受けられます。学力についても、各国で行った調査（スプリックス基礎学力研究所）で、日本は、11か国中で最も子どもの基礎学力を知らない国というデータが出ていますが、その通りだと思います。

テストで６割取れれば、まあまあわかっている、８割ならよく理解できていると、点数で判断しています。しかし、点数だけではどの程度理解しているかは全くわかりません。

テスト用紙から判断するなら、どこがわからなくて、どんな間違い方をしたのか、問題と解答をじっくり照らし合わせて、どうしてこう考えたのかを直接聞いてみて、ようやく子どもの考え方や間違い方の特徴が見えてきます。

さらに、**親が知らないのは、学校の中でのこと。仲間との関係**です。

バカにされていたり、トンチンカンで話が通じないと思われていたり、友達の秘密をすぐにバラして口が軽いとか、勉強はそこそこだけれど、スピードが遅くて、グズだなと思われていたり……。

同世代の中で、わが子がどんな扱いをされているかよくわからない。

学校の先生との関係も、嫌われているのか、好かれているのか、よくわからない。

親はひいき目でわが子を見ていますが、それと同じように先生が見てくれているわけではありません。先生からすると、言うことをよく聞くか、扱いやすい子であるかどうかが評価の対象です。

親は、**2くらいの情報で、10の理解をしようとしている**ようなイメージです。

10の情報がないと全体像が把握できないところを、2ですべて語ろうとするので、全くもってデータが足りないのです。

足りないことを無視して理解できたことにすると、実際の姿とは離れてしまいます。

ママ&パパ VOICE　アンケートの声

親こそ学んで、自己を見つめ直す

小６から中３までの３年７か月、不登校になりました。

家の中が険悪になりますし、不安定になると仕事もうまくいかなくなりますし、妻は子どもと一緒の時間で気持ちがいっぱいいっぱいなので、私が仕事に出かけると子どもから逃げる時間と捉えられたのも辛かったです。

このアンケートをきっかけに、親の言動について、子どもに聞いたら、毎日のように学校へ行けと言い続けていたみたいなんですね。それこそ学校に行ってくれないと私たち（親）が困ると言われていると感じたと。「行かない」ではなく、「行けない」んだとわかってほしかったと言っていました。一方で、良かったことは、必ず朝は起こしてくれたことだと言います。読者の方へ向けてのメッセージとすれば、以下となるでしょうか。

- **学校や他者を批判しない**
- **子どもを責めない、追い詰めない**
- **親自身の自己を見つめ直す**
- **原因を探すのではなく、今の状態の子どもをしっかり見る**
- **自分の中にある固定観念「みんなと同じように学校に行くのが普通」という考えが「正しい」と思わない**
- **子どもは怠けているように見えるが、降参なんだと思い、話を聞く側に回る**
- **こちらから必死に正論で「説得」しても、聞かないことを理解しておく**

教育の迷い道。がんばらせたいがために、がんばらない子を育てている？

親が道を間違えているのではなく、日本という舟が行き先を間違えているのかな？と思うほど、子どもにがんばることを要求している世の中です。

私は、**子どもたちにとって、がんばる時期が少々早いのではないかなと思っています。**がんばり始めるのは、自分が何者かわかる年齢からでいいのではないでしょうか。

幼い頃から多くの習い事、スイミングや英語は当たり前で、毎日が忙しい……。これって、子どもの意思というより、親の希望です。もしかしたら、親自身がやりたかったことかもしれないし、自身の親にしてもらいたかったことをわが子にしているだけかもしれません。

もし思い当たるふしのある読者の方がいらっしゃれば、少し立ち止まってみてもいいかと思います。

幼い頃は、親からの要求や期待に、言われるままに応えていたのが、思春期に入ると拒絶し始め、最後には学校にまで背を向けてしまう……。そんなケースも見てきました。

先んずれば人を制すとばかりに、がんばる子にするためにさせてきた早期教育が、すべて裏目に出るなんて想像もしないし、幻滅してしまうかもしれません。

思春期になって自分の意志をもつ年齢になったときに、学習の意欲が減衰しないように、わが子を導いてください。

がんばらせたいがために、がんばらない子を育ててしまっている日本の家庭に、いきいきとした意欲をどうしたらつけられるか、私たちも一緒に考えていきたいです。

「あの親」だから、不登校になるのではない「あの親」ですら、不登校に悩んでいる

世の中全体の不登校が増えて、ひと昔前に比べて周囲の風当たりが減ったといっても、子どもがうまく育たないと、世間からは「親が厳しいから、親が甘やかすから、親が、親が……」という親への非難がどこかしらから流れ込みます。

しかし、私がこれまで見てきた経験からすると、親は悪い人でもないし、話が通じない人でも、できない人でもありません。

「あの親だから」不登校になったのではなく、「あの親ですら」不登校に直面し、悪戦苦闘しているのです。不登校からの再出発は、どんな親御さんでも難しいものです。

不登校の研修を元気学園に依頼してくる医師たちも「不登校はね、常に繰り返すのですよ。しばらく来なくなったと思ったら、何年後かまたやってくる。他にはない傾向を示すのですよ」と言います。

ですから、それほどまでに不登校からの再出発は難しいことだと理解するべきだと思うのです。

ここで言いたいのは、だから、あきらめてくださいということではなくて、**どんなに立派なお父さんお母さんであっても、再出発のサポートは容易いものではないということ。**一つ越えれば、また次の壁が出てくるものです。

だから、**抱え込まないで、頼る人を見つける。**難しいことは、手分けすればよいのです。**この人なら信じられると自分の目が認めた人のアドバイスをもとに、**ひたむきに取り組んでくださいと、激励したいと思います。

不登校前夜は気づかない

「朝、学校に送り出したけれど、どうも学校に行かずにサボっていたみたいです。注意したら昨日、子どもが主人と喧嘩して、怒って家を出て行っちゃったのですよ」と話すお母さんがいらっしゃいました。

私が**「それって、不登校の一歩手前ですよ」**と伝えると、「えっ、ホントですか？　学校に行っているから、まだまだ大丈夫かと思っていました」というお返事が戻ってきました。

多くのお母さんたちが、「急に不登校になった」と言います。長く不登校問題と対峙している私たちからすれば、「急にはならないはずなのに、どうして気づかないのだろう？」と不思議に思います。前兆がきっとあるはずなのに……。

親子にとっては、不登校前夜は、１週間前、３か月前と変わらないようです。お母さんにとっては「また、ゲームして」「宿題終わった？　まだやってないの？」「明日テストでしょ、がんばらなきゃ」と言う毎日。良くも悪くも長い間この調子なので、明日も今日と同じ日がやってくると全く疑いません。

そこに、**ある日突然やってくる「行かない」の事件。**

子どもにとっては、心や体調が行ったり来たりしながら、長い時間をかけて下した判断です。しかし、親の方は全く想像もしていないのです。

親の反応は、産業界でよく言われている、茹でガエル現象に似ています。カエルは、いきなり熱湯に入れると驚いて逃げ出してしまいますが、常温の水に入れて少しずつ水温を上げていくとその温度に慣れていき、致命的な状況になっても気づかない……。

不登校前夜の状態は、振り返ってみると、ずいぶん長い時間であることが多いです。
当たり前の日常に埋もれているので、気づかないのかもしれません。

前兆は必ずあると元気学園の父母会でお伝えすると、あるお母さんから、「最初は意味がよくわからなかったけど、子どもが元気になって、私の心が落ち着いてきたら、昔の記憶が蘇ってきて、確かにその頃に前兆があった気がしてきました。当時、子どもと大喧嘩したりして、**思春期だからと思い込んでいた**けれど、それだけではなかったのですね」と言われたことがあります。ケースによるので断言はできませんが、経験則からおおよそ不登校になる2年前には、なにかしらの前兆が出ていると思います。

わが子の何か気になる異変があるなら、**まだ大丈夫と心をまぎらわせるのではなく、今まさに不登校前夜の状態かもと問うてみて**ください。

冒頭の相談者の方は、「これはまずい！」と思ったようです。

「アドバイスを重く受け止めて、主人とも話し合って、子どもとの関係を改めました。学校に行かなくなったら大変です。忠告のおかげもあり最近は、学校もきちんと行くし、父親とも私とも穏やかに会話をするようになりました」。

不登校への一歩を踏み出す前に、早めに親が子どものサインに気づけば、すぐに戻ることができます。

あなたのお子さんも、今ちょうど境目にいるかもしれない。気をつけて、見守ってあげてください。

ママ&パパ VOICE アンケートの声

信頼できる第三者は親子の道を開く

明確に学校に行けなくなったのは、中１の三学期でした。部活でからだを動かし続け、帰宅後も学校から出る課題や部活レポートをこなす毎日。授業中にも人前で発表するプレッシャーなど、本人にはオーバーワークになっていたのだと思います。実際にからだの症状として、熱が出る（発熱が４か月以上も続く）、頭痛などによって学校に行けなくなりました。

親からすると、からだの不調を風邪からくるものと思い、数日も休めば元に戻って学校に行けるようになるのではないかと当初は見守り、その時点ではあまり深刻には考えていませんでした。

スクールカウンセリングも受けるようになりましたが、アドバイスは「回復するまで焦らずに待ちましょう」ということが基本で……、アドバイス自体は最悪の事態を避けるためにはある意味適切なものだったとは思いますが、布団にくるまったまま何日も部屋から出てこない子どもをもつ親としては何とも、もどかしいものでした。

元気学園で面談を受けた際、子どもの不登校になった原因と経緯、それに伴う現実のからだの変調を言い当てているようで、感銘したのを覚えています。さらに私ども両親がそう思っただけではなく、帰りの車の中で子どもが、「何か、すべてお見通しだね」といったのが、未だに忘れられません。

子ども理解の読み解きのヒントをくれる人

わが子をよく観察してみてください。

何か言ったときに、**うんとうなずくこと、首を振ること、返事をしないこと。**

三通りあるはずです。

その違いについて、考えたことがありますか？　返事をしないことが、年々増えていませんか？


わかりやすい判断基準をお伝えすると、返事をしないのはＮＯということ。

うんとなかなか言わない子だなとは知っているけれど、その場で激しく「イヤだよ！」と抵抗しないので、親は子どもが拒絶しているとは思わないのかもしれません。

しかし、返事をしないのは、はっきりＮＯというこたえなのです。

元気学園の子どもたちを見ていると、気に入ったことならすぐにします。「あれやった？」なんて言わなくても、すでに実行しています。
一方で、イヤだけど仕方ないと思っていることは、「やりますか？」なんて聞いてくる。もっと、イヤなことなら、言っても知らんぷり……。

もう一つ**大人が知っておいた方がいいことは、しないことは、できないこと。**
「やる気がないから、しないのだ」「ちょっとがんばればできるのに、しないのだ」と思っていることが、子どもにとってはできないことなのだと理解してください。親からすると簡単そうであっても、苦手で難しいことなのだと素直に受け入れてみてください。

イヤなこと同様に、子どもたちは得意なことはすんなり行いますが、苦手なことはなかなか行おうとしません。
走るのが得意な子は、言わなくても走ります。「危ないから歩きなさい」と言っても走る。できるから、走る。余裕があってできるから、する。でも、走るとすぐ息が切れる子たちは、急いでいるから走ろうよと声掛けしても走らない。

大人は子どもに対して、「これくらいのことはできるはず」と思い過ぎているかもしれないですね。

自分が子どものときのことを思い出してみてください。今の自分のように、なんでも簡単にできていましたか？

大人になって得た能力を、わが子に当たり前のように適用しようとしていませんか？

がんばればできるのに、この子は怠け者、やる気がない子、私に嫌がらせをしているのかしら？　と思うような関係には、親の無理解が隠れています。

そのような親子は、いつもすれ違い。子どもはできないだけだし、親も期待が強過ぎるだけなのに、親も子も、どちらも傷つけ合ってしまいます。

子どもが、「何ができて、何ができない」のか。
それをよく知ろうとすること。自分の目で見ること、わかる人に教えてもらうこと。
これがとても大切です。

在校生の父母に、日ごろの様子を知らせて解説すると、「えっ、そうなんですか？」と、親が知らないわが子の姿に驚きます。そして、次に親御さんと会うときには、子への理解が少し増しています。

子どもの理解には、読み解きのヒントをくれる人の存在が欠かせません。

親のメインの仕事は、トレーナーではなく、心のケアです

共働き家庭も増えて大人も忙しい毎日です。限られた時間でやることが山積。親が子に「あれした？　これした？　どうなったの？」と問い詰めるような口調で、わが子にこたえを求める事情も理解できます。なかには、名トレーナーのごとく、次々と塾に習い事にと練習メニューをつくりあげて、子どもに課していたりしていないでしょうか？

ここで、「親のメインの仕事って、トレーナーでしたっけ？」と、読者の方に質問してみたいです。**親の仕事は、子どもの心をケアすること**です。

不登校になると、この頃の学校の先生は「ムリしなくていい」と優しくなります。

先生が社会の常識を説いてくれないと、誰も真っ当なことを言ってくれる人がいなくなるので、家族が代わりをするしかなくなります。すると、親子が対立関係になりがちになり、子どもの心が荒んでいく……。子どもの気持ちがわからなくなるので、心のケアはカウンセラーにお任せするというケースが見受けられます。

学校の先生が穏やかに接してくれたとしても、学校に行きたくないし、学校に行かないと、家で揉めるから、家族にも心を閉ざす……。子どもの心は、それら複合的な状況から生まれてきているのだから、ある一部分の気持ちだけ切り取ってカウンセラーがケアしようとしても、心に響かない。

取り残されてしまっているのは、子どもの心です。

学校に行かないうちの子が悪いと思っていて、家族の誰もがその役割を引き受けず、他人任せにしてしまっているのではないでしょうか。**心のケアは、子育ての核として考えていかなければならないことの一つ**です。

問題解決するのが心のケアだと思っている方が多いように思いますが、ここで言う心のケアというのは、そんな難しいものではなく、もっとほっこりしているもの。**心を整えて、意欲を生み出すことです。**子どもの心のケアこそ、親がするべきこと。親を頼りにしている子どもにとっては、これ以上の適任者はいません。

心のケアを行う際、「パンドラの箱を開けないで」ともアドバイスします。

事態を好転させるために、まずは子どもの意見を聞いてみないことにはわからないと「聞き出し」が始まってしまったら、これまた厄介なことになるのでご注意を！

親に言って解決してくれることは、子どもはすでに伝えています。しかし、親に言いたくないこともあるし、親に言ってもムリだな、これは話がこじれるなと思うことは、言わないでいます。

それを、どんどん聞き出そうとすると、パンドラの箱を開けてしまいます。

イヤなこと、つらいことも、理想と現実のギャップも、自尊心と劣等感も、自分の中で、我慢や辛抱、発散と解放のバランスをとって保っているのに、心に手を突っ込まれると、感情のバランスを失ってザーッと出ていってしまいます。そうなると元に戻すのに、数年はかかる。10年経ってもそのままということもあり得ることです。

心のケアは、子どもの心を乱すことではありません。

心を整えること。

頭とからだを休ませて、安心を与えることです。

子どもに素直な態度が増えていったとしたら、心のケアは成功しています。

親との話し合いのテーブルにのるようになると、不登校の迷路から抜け出す一歩になります。

努力が足りないから不登校になるのではありません

「学校に行かないのは、努力が足りないからだ」。世間は、不登校の子どものことをそう思っているかもしれません。

しかし、親だって、同じように思っている……ってことありませんか?

まず、**ここが不登校を知らないから出てくる、勘違いの始まりです。**

不登校の子どもたちが、努力していないってことはありません。

もうこれ以上ないってほど、がんばって、がんばってきた。それでも、学校はムリと思って不登校になっています。その子なりの努力はしてきたのです。

ただ、この努力というのが、親が期待する努力とは、違う。

勉強をがんばってしていて、それでできないのなら、致し方ないと理解できる。しかし、家ではだら〜っとして、ゲームやらYouTubeばっかりで、それで、努力しているって、「それは違うでしょ!?」というこたえが返ってきそうです。確かにそこだけ見れば、怠けているようにしか見えません。

でも、学校ではどうでしょう? その子にとって、学校が、行くだけ、いるだけでも、がまんして、踏ん張らないといられないところなら、どうでしょう?

お父さん、お母さんだって、会社でイヤなことがあれば、どこかに寄って一杯やら、パチンコ、お買い物、DVDを見るなど、憂さ晴らしをしますよね。子どもがそれと同じことを、家でしているとしたら?

学校に行かないことは、子どもにとって一大決心です。

そんな簡単に、「行かない」と決めているわけではありません。

子どもなりに、これはまずいな、親に叱られるな、自分にも不利だな、周りからどう見られるだろう? それでも、「行かない」という決断をするのには、それ相応の理由があると考えるべきです。

また、親の方ですが、**親の努力が足りないから、不登校になったと思わない方が良いです。**親だって、十分、子どもに合わせていろいろな工夫をしています。**その時々において最善を尽くしている**と思います。

勉強がわからなくなっているなと思ったら、塾に行かせたり、朝起きるのが苦手なら、夜早く寝かすようにしたり、枕を替えたり、サプリメントを飲ませたり、栄養が足りないと健康に気遣ったり、あなたにできる最大限の努力をしていると思います。

しかし、こちらもするべき努力の方向が違ったり、助けの量が足りなかったり……。でも、決して「助けの量が足りないのは、親の努力が足りないからだ」と自分を責めないでください。

人には、得意なことと苦手なことがありますよね。「自分で言うのもなんだけど、職場では相手の意向を読み取って、誰とでもうまくやっていけるタイプだって言われているのに、わが子とだけはうまくいかない」と涙するお母さんに出会ってきました。
また、仕事では交渉上手であっても、子育てとなると、全く歯が立たない。子どもを交渉相手にしても、土台、前提から違うから……と自信喪失したお父さんも、たくさん見てきました。

努力したけれどダメだったとなると、才能がないようで、不本意に感じる人がいるかもしれません。決して、そんな受け取り方はしないでください。

「子どもの努力が足りないから不登校になった」を入り口にすると、がんばらないわが子を責めることになります。

また、母のがんばりが足りないからとなれば、母を責めることに。父の……となれば、父親を責める。

責めは攻めの連鎖にもなり、本来なら味方である者同士、大切な者同士が、傷つけあうことになります。

家族で責め合って、誰が幸せになるのでしょうか？

そんなことを始めたら、家族が崩壊してしまいます。

子どもを責めれば、自分が悪かった、ごめんなさいと反省して解決に向かうのでしょうか？　逆に、腹を立てて、口をきかなくなるのでは？

不登校の危機に瀕して、いかなるときも家族は味方です。

子どもだって、努力した、それに、親だって努力し尽くした。

「だけれども、不登校になった」とそこを立ち位置に、**今の家族の中に、何か足りないものがある。だから、「誰かそれをもっている人を、見つけていこうよ！」と考えれば発展的**です。

ママ&パパ VOICE アンケートの声

重たい世界から、今は軽やかな世界へ

こうしてアンケートを書くと、当時の状況、気持ちを鮮明に思い出しました。当時は、何とも重たい世界の中で毎日もがいていました。それが今では、その頃には想像もできなかった軽やかな世界で毎日を過ごしています。

子どもは、小学校６年生後半から学校に行ったり行かなかったりでした。中学の入学式の朝起きられず、その日に何かしら動かないといけないと決意しました。

親子の会話がままならなくなりましたし、子どもは無気力に……。

でも、この子を守れるのは私だけ。無気力でいる時間がもったいないと、何か動ける場所やきっかけがほしいと行動したんです。

母子家庭で祖母との３人で暮らしていたのですが、親子だけの時間をもつようにと仕事場近くにウィークリーマンションを借りて、イヤでも母である私と会話しないと生活ができないような環境もつくったりしました。親子の会話を増やして、私自身が子どもの味方なのだと伝えたかったんです。

読者の方へ向けてのメッセージでは、「子どもが子どもらしく動ける場所やきっかけを探してあげる」ことだと思います。放っておいても問題の先延ばしになるだけなので、気づいたときが、行動のときです。

第2章

お母さんレッスン

不登校に悩む
お母さんの心を
軽くしたい

本章のテーマは「お母さんレッスン」です。これを一つの章にしたのは、お母さんの存在の大きさって絶大だからです（もちろん、お父さんも絶大な存在ですよ）。

ご家庭の状況によって、〝父が母〟の、〝母が父〟の役割を担うこともあると思いますのでその場合は、入れ替えて読んでみてください。少しお母さん寄りの話ではありますが、きっとお父さん読者も参考になります。

子どもが「素直」になることや、正しく行動しようとする「良心」が表に出てくるようになると、不登校の本当の原因に向き合う力（Aエリアへの浸透度：19ページ）に大きく影響を与えます。不登校の迷路を、一緒に脱出しましょう！

お母さんの向き合う姿勢が、子どもに勇気を与える

不登校になると実のところ、子どもの心は、とーーーーっても、心細いのです。でも、気弱になっているはずが、なぜか家での態度がエラソウだったりします。それは、「ど

うして？」「なんで？」という周りからの責めや、「学校へ行かないといけない」という重圧感から生まれる強い自己防衛です。

そんな心細い気持ちのときに、まず、頼れるのがお母さん。

子どもにとって**お母さんの存在は想像以上に大きい**のです。だからこそ、**子どもをこわすのもお母さん。だけれど、なおすのもお母さん**と言えます。

そうお伝えすると、プレッシャーを感じる方もいるかもしれません。子育てで思い悩んでいるときは、心配事が重なり心が悩み一色に塗られてしまって、考えているようで上滑りしているような、堂々巡りの時間を過ごしてしまいがちです。いつになっても答えが出ないのに、その間もどんどん子どもは育ち、ますます状況が変わっていく……。焦ってしまう気持ち、とてもわかります。

しかし、こんなときこそ**発想を切り替え、考え方を変えて、お母さん自身のもっている力を最大限に使おうとしてみてください。**元気学園では、これまでに、子どもを救ってきたお母さんをたくさん見てきました。お母さんには、力がありますよ！

ただ、その潜在的な力を、上手に使えていないだけです。わが子を見て、「本当は、何でもできるのに、どうして？」ともどかしく思うかもしれませんが、私からしてみると、お母さんたちに対して、同じように思うのですよ。

親が果たすべき役割のところと、他人に任せなければいけないところ、これをしっかり見分けられたら、悩みが整理できるはずです。親の役割は、Bエリア（19ページ）で、親子の壁を低くしていくことです。そして、不登校の問題を解決する上で最も重要な役目は、Aエリアに、つないでいくことです。Bエリアで、子どもが素直になればなるほど、Aエリアへ深く入っていけます。

過去は過ぎ去ったことで、誰にも変えられません。しかし、**未来は今日がつくっています。変えられる未来に目を向けましょう。**

子どもに変化を求めて失望するより、まずはお母さん自身が変わってみてください。

「君子は豹変す」という言葉があるように、新しい考えやヒントを知った、その日から、変わればいいのです。

お母さんの気持ちや行動の変化が、子どもに伝わるまで、時間がかかるかもしれません。でも決して感情的にならずに「お母さんは、がんばっている！」という姿を見せ続けてみてください。そのがんばりの中心にある温かい愛情を伝えるのです。子どもたちは言葉にせずとも必ず背中を見ています。それを見て、ありがとうの気持ちから、逃げていてはいけないといった勇気を得るのです。

親子で変えられる未来に目を向ける

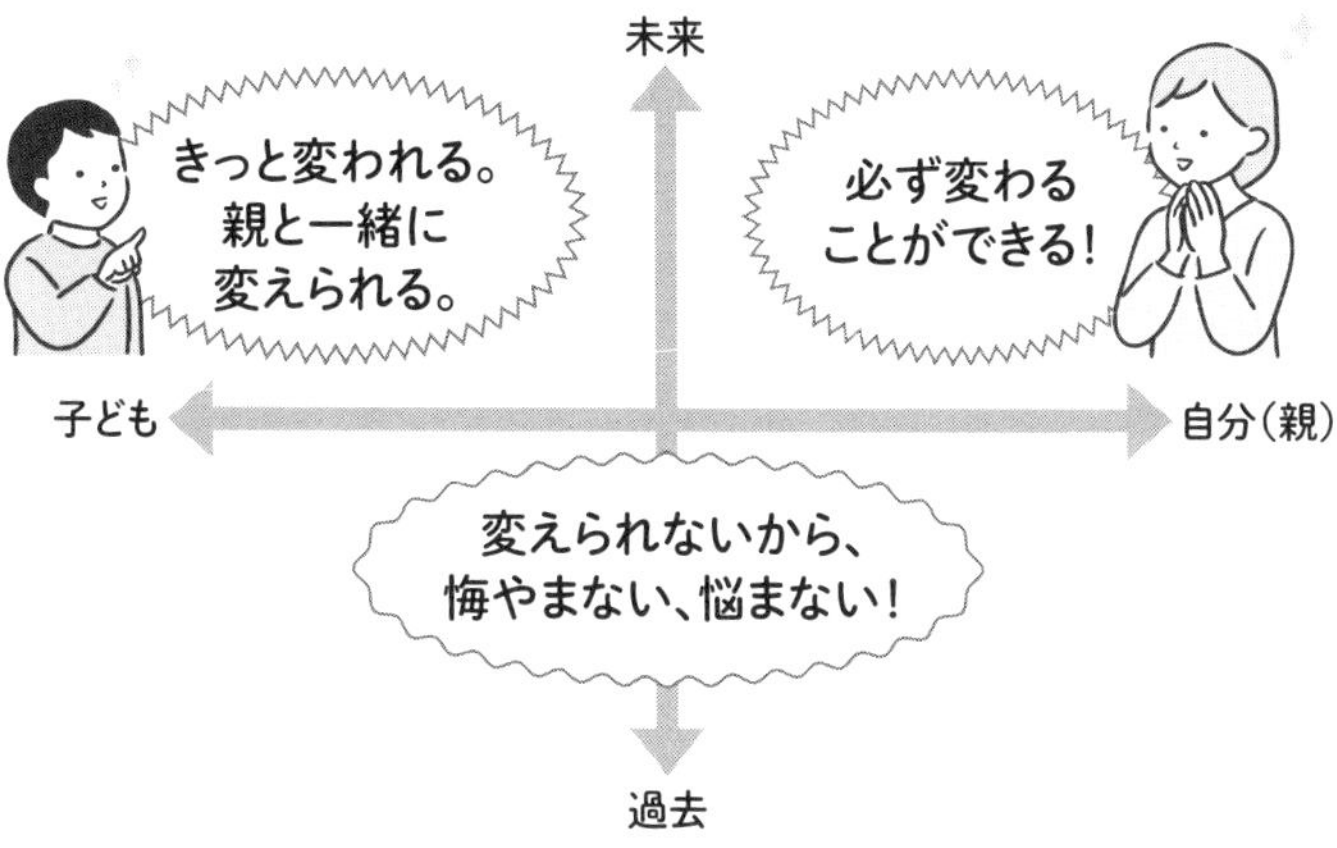
未来
きっと変われる。親と一緒に変えられる。
必ず変わることができる！
子ども
自分（親）
変えられないから、悔やまない、悩まない！
過去

お母さんだけが「大人の見本」になるときに

子どもが学校に行かなくなって気が動転しているお母さんは、自分や父親が子どもからどう見られているのかまで気が回らなくなっているかもしれません。

そんなときほど、子どもは親のことをよく観察しています。

というのは、学校に行けなくなることで、同級生たちという「子どもの見本」も減るけれど、「大人の見本」も極端に減るからです。大人の見本が親だけになります。

子どもにとって、**大人の行動は「やっていい」ことの最低基準**です。親がすることは、（いいことだと思わないことでも）自分も許されると思っています。

たとえば、気に入らないことがあるとバンと音を立てて扉を閉めたり、声を大きくして威圧したり、にらみつけたり……。子どもがそんな行動をしていたら、もしかしたらそれは家の誰かの真似かもしれません。見られていないと思っても、驚くほどよく見て、知っています。

家庭の中だけではありません。もっと注意すべきなのは、**他人に対する態度**です。親が誰かに対して尊敬をもった態度をとれば子どもも同じようにするし、相手に横柄な態度をとることがあれば子どももそうします。

これから学校や適応教室、フリースクールや習い事など、子どもをどこかに通わせたいと思うのであれば、その先にいる先生などに対して敬意をもち、それを態度で示してみてください。

不登校のときだからこそ、子どもは、**親から人間関係、そして世の中との付き合い方を学んでいます。**この**親の姿勢**が、不登校の迷路から脱出するために、かなり大きなポイントとなるので、心に留めておくといいと思います。

世の中とのパイプ役を再認識

前項目の続きです。父母の方から、こんな相談をよく受けます。

「子どもを面談に連れていきたいのだけれど、子どもが動かないのです」

そんなときは「まず親御さんだけでも（お母さんひとりでも）よいのでお越しください」とお伝えしています。すると、「もっと簡単に子どもを連れ出す方法はないのですか？」とおっしゃられることがあります。

確かに、足を運ぶのは面倒ですし、「なんで？」と感じられるかもしれません。しかし、そこにこそ、不登校解決へのアプローチに対する認識のズレがある気がします。

というのは、**家にいる子どもの社会との唯一のパイプは、お母さんやお父さん**です。

家から出ない間、子どもたちに刺激を与えられるのは、パイプ役である親を通じたアプローチだけなのです。

子どもが動かないのは、また失敗するのではないかと不安だからです。その不安を消していくのが、子どもを助けるために親ができることです。**「今日、こんな話を聞いてきた」「こんなところに行ってきた」**と親の経験を、お子さんに話してみてください。

私たち元気学園では、いらっしゃる方々の相談に対して、常に真剣に向き合っています。自分たちの経験からあらん限りの力を使い、子どもが元気になる（＝今まで通りではない）方法を提案しています。

子どもだけを外に出すために今まで通りの方法をしていては同じ結果になります。**これまでとは違うやり方を取り入れるからこそ、新たな可能性が生まれます。**

子どもはお母さん研究の第一人者

家にいる時間が長くなると、かかわる他人がいなくなるので、行動の○×の判定を下す人は、家族だけになります。特に、一番近くにいるお母さんは、大きな権力者です。子どもからすると、自分の家での待遇を維持するには、お母さんと仲良くするしかない。しかし、どんなに頼まれても学校に行くのはイヤ。なので、それ以外のところで、親子のバランスを取ろうとします。

言い換えると、お母さんのご機嫌を損ねないことと、自分の権利を侵されないことのふたつが、子どもの頭の中でずっと働きだします。**どうすれば、お母さんは黙ってくれるのか……。**

子どもたちは日々「お母さんデータ」を集めて、実践に活かしています。

例えば、からだの不調を訴えたら、心配してもらえるなら頭が痛いと言う。極端な例として、暴力を振るうとお母さんが黙るなら、これが有効な手段と考えたりします。

不登校で学校を休むと時間もたくさんありますから、子どものお母さん研究は一層進みます。**お母さんが子どもを知るより、ずっと、子どもたちの方がお母さんのことをよく知るようになります。**

親の発する言葉については、気を遣ってくれているのはわかるけど、お母さんの本当の気持ちは違うかも……と、懐疑的になります。

だから、子どもたちが受け入れるのは、**お母さんやお父さんの本音だけ**です。隠しても、見破られてしまうから、子どもの方が一枚上手になる前に、もっと子どものことを知っていきたいですね。

お母さんが変われば道ができる。わが子に合った道を探す

お母さんの考え方や接し方が変われば、必ず子どもは変わっていきます。

人って、相手次第というところはありませんか？　例えば、仕事のときの顔と、友人を前にしたときの顔は違うはずです。また同じ人であっても、相手の気が立っているときと機嫌が良いときは、こちらの出方も変わるものです。

お母さんやお父さんには、子どもの心が穏やかになる接し方を常に意識してほしいですし、**子どもが安心できる場所を、家庭の中につくってあげてください。**

ただし、親が変わったからといって、それで子どもが学校に行けるようになるかというと、それはまた別問題。学校に行くというのは、本人が能動的にする行為です。

お母さんが助けることと、子どもが自分ですることを混同すると、悩みにつながるので切りわけるといいと思います。でも、お母さんの言動が変化することで、お子さんが不登校を解決する道の一歩になるのは間違いありません。

次に、**その子の特性にも注目してみてください。**既存の学校形式が合わない子もいれば、少人数は良くても大人数は合わない子もいます。人間はそれぞれに個性的ですから、学びのスタイルも多様にあります。

しかし、どんな形であれ、学んで、生きていくための実力はつけないといけないので、そのための道を、親が導いていきます。子どもが気難しさによって、自分で自分を殻に閉じ込めてしまっているときであっても、親は、自由です。自分の目で、足で、**わが子を助けてくれる大人を選ぶことも、親にはできるのです。**

すぐに行き止まりになってしまう考え方もあれば、遠くまで行けるものもあります。遠くまで行けるのは、長期的な視野に立った考え方。それを、手に入れたいですね。

お母さんの役割は、「道をつくる考え方」をもつこと

「道をつくる」のではなく、「道をつくる考え方」をもつこと。これがポイントです。

お母さんひとりで、わが子の道をつくってあげるに越したことはないけれど、不登校の迷路に迷い込んでしまった今、親だけで解決策を講じるのはとても難しいはずです。だからこそ、人に頼ってみてください。

そんなとき、まず実行するのは**信頼できる誰かに「つなぐこと」。**そして、それが続く方法を探すことです。そのとき、

①どこにつなげばいいか

②そこでは道が続くか

その選択に関しては、お母さんやお父さんが、すべてをかけて考えてみてください。

不登校からの教育こそ、**親から子への生き方指南の始まり**です。

がんばっている親の「**後ろ姿の教育**」を忘れないように。困ったときに親がどう振る舞うかを子どもたちは見て、**親の本心、覚悟、他人への姿勢**を学んでいます。

親の役目は、学校に行かせることだけではありません。

人の言葉に耳を傾けることや、相手の真心を受け止めること、素直に人と向き合えるようになることの方が、学校よりずっと大切です。

道をつくるのはプロに任せてもいい。お母さんは**その人と子どもの橋渡し**ができれば十分。**子どもの可能性を引き出せる先生を見つけてあげられるかどうかです。**

道をつくる考え方というのはそういうことです。

自分のことを振り返ると、恩師と言える存在や人生に影響を与えてくれた大人が目に浮かびませんか？

愛よ、再び

「お母さんレッスン」として、ここまでお母さんに対してお話ししていますが、子どもを前にしたら、そんな冷静にもなれないし、子育ては常にアドリブ勝負で、なかなか心に余裕がもてないことが多いと思います。

毎日、子どもの世話を焼いていると介護疲れのようにもなっていきます。さらに、将来のことを考えると気が滅入るし、だんだん、心が冷たくなって家庭全体が殺伐としてくることも……。ここでちょっとひと休みしましょう。

そんなときは、子どもが生まれてきた頃のアルバムを取り出してみてください。一枚ずつページをめくりながら、ゆっくり見ていきます。

「生まれてきたとき、あんなにうれしかった」

「歩き出したとき、大喜びした」
「可愛い可愛いと、頬ずりした」
「ギューと何回も抱きしめるから、嫌がられた」
「けがをして心配したな」
「あのときの帽子姿可愛かったな」
「入学式、遅れそうになって走ったな……」

語りつくせない思い出がよみがえるはずです。
すると、心が愛で満たされていきます。

「あれもできない」「これに困った」と、ないものをあげる前に、「ある」ものに喜びを。そして今、わが子がここに「いる」ことに感謝を！

心に、愛情ホルモンが満ちてきます。

お母さんは、子どもの心を整える人

さて、質問ですが、本来安らぎの場所であるはずの家が、戦場になっていませんか？どんな人も、心の安寧を常に求めています。子どもだってそうです（子どもだからこそとも言えます）。

子どもたちも大人同様に、外に出れば思い通りにいかないこともあるし、つらいことや苦しいことが待っています。**学校に行かない子だけでなく、すべての学生にとって、学校は楽しいこともあるけれど、試練の場でもあります。**毎日新しいことを学び、常に競争にさらされています（すぐ横の席で、しかも、全く同じ課題をして、比べられるなんて、大人ではないですよね！）。

そんな日々溜まるストレスやトゲトゲした気持ちを癒やすのは、お母さんの優しさや、家庭のあたたかさです。

お母さんの言葉かけや、今日あった出来事への反応次第で、子どもの心がグラグラと揺さぶられることもあれば、怒りや悲しみが収まることもあります。

メンタル面でのお母さんの役目は、子どもの心を整えること。

これは日々のメンテナンスのようなものです。不登校になったから始めるのではなく、子どもと共に生活していくなか、子どもの心を整えることで、母の心もシンクロしていくのが理想です。心の安定があるから学習にも集中力が生まれます。逆に感情的になり心が乱れていては、全く手につかなくなってしまいます。だから明日への活力を得るためにも、お母さんは心を整える人であってほしいと思います。

心が整えられると「明日もがんばろう！」という気力が生まれてくるのです。

お母さんにできる努力ポイント

お母さんたち、とてもがんばっていて、努力をしています。しかし、「足りないところは何ですか？」と聞かれたら、こう答えます。

わが子に「ありがとう」と言わせる努力。

だからといって、「もっとがんばれ！」というのは、見当違いです。お母さんは、子どもに十分尽くしてきています。お母さんの努力の総量を増やせというのではなくて、相手がどう受け取るかを見直していくとよいと思います。

ごはん一つとっても、栄養をつけてあげたいから、これもつくった、あれもつくった。だからしっかり食べなさい。そのあとに、「残したらもったいないじゃない」がきてしまっては、苦労してつくったことを、「たいへんだった、食べないならがっかり」のお話にしてしまいます。そうではなくて、「好きなものをつくったよ。食べて元気が出るとうれしいな」と、あたたかい心を伝える。

ある相談者が、「子どもがゼンゼン私のいうことを聞かない」と訴えるのですが、話を聞いていくと、「そういえば、お弁当をつくって、書き置きをしておいたら、そこに、ありがとうって書いてありました」。

そうそう、これです！

この気持ちを生み出すようなことを重ねて、お母さんのために、自分のために、「できることはやってみよう」という心をつくっていくのです。

子どもから、自然と「ありがとう」と出てくるようなやり取りを心がけてみたら、「今まで私は何をしていたのだろう？」と、肩の力が、スッと抜けるかもしれません。

ママは、優しいのだから、もっと自分の良さを子どもに伝えましょう。

目指せ！　ドラえもんお母さん

子どもって、あれこれ言わなくても、一人で用意をして、一人で勉強をして、一人で何でもしてしまう子もいるし、反対に、学校の持ち物も、宿題もすべて準備をしてあげないと、何にもしない子もいる。しかも、それを忘れて行って、学校まで届けるなんてこともあったりします。「自分のことだから、これくらいしなさい！」とママがヒステリーを起こしてしまうこともある。

そういう子のサポートについて、助け方のお手本は、ドラえもんです。

問題の発生源は、のび太君から。

そこに、「君は、いつもそうなんだから～」とあきれながらも、問題解決のアイディアを出し、助けてくれる。
ドラえもんは、いつもそばにいて、困ったときに、一緒にやってくれる。

小学生から中学1年生くらいまでで、多くの助けが必要なタイプの子の子育てには、のび太君にとってのドラえもんの代わりとして、**〝ドラえもんお母さん〟が理想的**です。それ以降の年齢でも、できないことが多い子には、高校2年生くらいまでは仕方ないかなぁ……続けるしかありません。その間、代わってやってあげるのではなく、助けながら、一人でできるように育てていく。してあげることに対して、文句や不満をぶつけて、有難迷惑にならないように。

ドラえもんの最後は、「ドラえも～んありがとう！」「のびたく～～ん」と抱き合う感動のシーン。現実は、こういうわけにはいかないかもしれない。

でも、心に、ずっと「ありがとう」の余韻が残る、そんな親子関係でいたいですね。

学校をいったん外して、人間育ての基本に戻る

不登校の相談を聞き続けてきて、正直なところ、驚くほど根強く、親の本心の中に、**「どうしても学校に行ってほしい」**という思いがあると思います。入試に合格して入った中高一貫校だとなおさら、行けないのはわかっていても、失いたくない気持ちがひしひしと伝わってきます。

難関校と言われる中高一貫校の子どもをもつ在校生のお母さんが、子どもが、落ち着いて、勉強もはかどるようになった頃、私にこう言いました。

「息子が動かなくて、何度も元気学園に通っているときに、先生から『あなたが学校に未練たっぷりだから、動かないのですよ。あなたが、ここがわが子にとっての最高の場所だと心から思えるようになったら、来るよ』、そう言われたのです。

そのときに、『あっ、そうなのか、原因は私なのだ』と気づきました。〝お手あげをしなさい〟と本に書いてあって、その通りで、自分たちの力では問題解決できないと思って、主人とここを選んで来ました。

しかし、その後、子どもを面談に連れてこられないのは、子どもに原因があると思っていました。しかし、今になると、子どもを止めていたのは、私だったとわかるのですよ。『親の本心を見ているよ』ともアドバイスしてもらったけれど、本当にその通りだと、あらためて一つ一つの言葉の重みの意味をかみしめています」

学校を休む期間が長くなると勉強がわからなくなることは明らかですから、できるだけ早く戻った方がいいに決まっていると考えて、何が何でも学校にという思いが子どもを追いつめ、焦っていきます。**焦ると、人って感情的になります。**感情的になると不登校がこじれるので、**不登校を心の問題にしない**ように意識してみてください。

親子の感情は、合わせ鏡のようなもので、片方が不安定になると、それを見たもう一方が揺らぎ、さらに、相手の不安を確信して不安が増大します。

不登校の悩みを解決する一歩は、**まず、子どもを元気にすること**です。たくさんの父母を見てきて、子どもが元気になった途端、みなさん笑顔になります。

元気学園にお母さん、お父さんが最初に相談に来られるとき、当然ですが、みなさん、本当に暗い表情で訪れます。なかには、「何か気に入らないことでもありますか？」と聞きたくなるほど不機嫌な方もいらっしゃいます。

それが、入学して1週間経って子どもの様子を見に来たとき、わが子の笑顔を見て、パーッと父母の表情が晴れやかになります。

その後に、「勉強もし始めましたよ」と、お伝えると、みなさんニッコリです。

「不登校に悩む親御さんを元気にしたい」という想いが、本書を書くきっかけでした。30年近く不登校支援を行ってきて、自分なりにいろいろ考えてみた結果、**「学校をいったん外して、人間育ての基本に戻る」**ことがはじめの一歩だろうと感じています。
一足飛びで学校に戻れたらいいですが、仮に一時的に行けたとしてもまた振り出しに戻る。そもそも、学校は途中経過で、子どもたちを社会で生きられるようにするのが子育てのゴールです。

人間育ての基本は、誰にでもできること。
うれしい　よかったね
ありがとう　ごめんなさい
そうだね　なおすよ

喜びと共感、感謝と謝罪、受容と改善、これらを、基本に戻って続けることなのかなと思います。

不登校になって一番大きな問題とは

子どもが不登校になって、本当に失ってしまっているものは、何だと思いますか？「朝起きれなくなった」「しゃべらなくなった」「勉強しなくなった」……、思いつく限り挙げてみてください。その中で、一番問題が大きいと思うことは何でしょうか？

私は、**取り組む力が失われること**だと思います。イヤの壁（19ページ）に阻まれて、何もしようとしないことです。

では、取り組む力って何なのでしょうか？

それは「**意欲**」です。意欲がないから、やる気が出ない。やろうとしない……。

もう一つあります。

取り組む力の根底にある、最も大切なこと。それは「**学ぶ姿勢**」です。

学ぶ姿勢なくしては、意欲があったとしても空回りするだけです。やりたい気持ちはあるけれど、何もしないということにもなります。「高校に行きたい」「大学でキャンパスライフを楽しみたい」なんて、夢は語るけれど、それに必要な準備はしていないというのは、案外よくあることです。

しかし、最初から学ぶ姿勢がないかというと、ほとんどの子どもは不登校になる前には、意欲も学ぶ姿勢ももっています。では一体どうしたらその失った気持ちを取り戻せるのでしょうか？


失った気持ちを取り戻すことができるのは、お母さん、お父さんしかいません。

具体的には、親が率先して誰かに学ぶ姿勢や意欲を見せることです。

子どもたちは親の背中を見ているとお伝えしました。

子どもに言葉で諭すだけでなく、まずは親がお手本を見せる効果は絶大です。

心のおじぎ。親が学びの姿勢を見せること

子どもは親のことをよく見ています。子どもを助ける親になるという道は、**「学びの姿勢を子どもに見せる」**こと。

教育は子どもに「ああしろ、こうしろ」と指示することではなくて、親がやって見せてから、子どもにさせることです。「親子」というのは、血のつながりだけではなく、価値観やその家の文化を子どもに伝える関係でもあります。

子どもの新しい道を拓くためにも、子どもが学ぶ姿勢をもつために、唯一のお手本となるのは家族の存在です。お母さんやお父さんの姿勢が問われます。

そのとき、親が行う**「心のおじぎ」**が大切です。

誰かに何かお願いするとき、うわべだけでなく、心の中から出てくるものでないと、子どもの心に響きません。真実の声だけを、子どもは聞いています。心のおじぎは、そのまま態度として、深々と頭を下げることにつながっていきます。

もし、子どもの道をつくってくれる協力者や、親自身が学びを得たい方、これからお世話になりたいと思う人に出会ったなら、「うちの子をよろしくお願いします」「今日はよろしくお願いいたします」と、心からお願いしてみてください。

子どもの目の前でするおじぎは、「学びの姿勢」を親から学ぶことにもなります。

親が「心のおじぎ」をした相手に対しては、子どもも敬意を払い、従うようになります。「よろしくお願いします」の気持ち、ものすごーーーく大切です。これが、不登校の解決だけでなく、人生すべてにおいて、大きな力を発揮してくれます。

人に頼っていい。その人を選ぶ目こそが大切

子育てや教育を誰かに頼っていいのかと躊躇う気持ちもあるかもしれません。でも、人類が困難にぶつかったときには、どうしてきたのでしょうか？　誰もが、自分以外の人を頼ることで乗り越えてきました。専門家に託したり、協力したりすることでくぐり抜けてきました。

不登校だって同じです。**誰かに頼る。誰かに助けを求めることで、道は開けます。**

そのとき、お母さんやお父さんの役割は、**どんな方法をとるか、誰に頼るかの人選をすることです。**それでわが子の行き先が変わります。

とくに10代のときに受ける教育は重要です。人としての土台の部分をこの時間がつ

くっています。引きこもっている子たちが、「自分には何もできない」と言うけれど、確かに学ばずにいたら、自信がもてないですよ。誰かに、頼ること、知っている人に教えを願うことで、子どもの成長の時間を無駄にしなくてすみます。

だから、お母さんとお父さんの、**これまで学んできたことの知識と知恵、経験、もっているものすべてを総動員して**、わが子を預ける人間を探してください。

これは翻すと、子どもに、**どんな人を信頼すべきかを教える絶好の機会**です。子どもたちもいつか社会に出て、いつも誰かの助けを得ながら生きていくことになります。**「人を見る目をもつ」**力を親子で学びましょう。

そしてもう一つ、誰かの力を借りるには、その人たちに存分に力を発揮してもらわないといけません。そのためには、さきほどもお伝えした、親自身の心のおじぎや、謙虚さが求められます。頼るからといっても、親の果たすべき役割は、あるのです。

親が誰かにお願いするときの態度が、そのまま、子どもが人に対する態度に置き換わっていきます。あなたは、どんな後ろ姿を子どもに見せられるでしょうか？

Column

真面目なお母さんほど気をつけて！「学校下請け症候群」

学校の先生から指摘を受けると、「私がきちんとさせなければ！」と、子どもが家に帰ってきてからも、あれやこれやと注意の連続。

子どものためを思って親は一生懸命なのですが、度が過ぎてしまうと、家に帰ってもまるで学校が続いているようで、息つく暇もありません。

子どもをもう少し観察してみてください。

ひょっとして、授業についていけなくてつらい思いをしているかもしれない、先生から厳しい言葉を受けているかもしれない、同級生との間でギクシャクしているかもしれない。そうすると、クサクサした気持ちで家に帰ってきます。

そんなときに「宿題は？」「提出物は？」「まだなの？」「言ったのに」と追いつめると、学校の延長です。家が学校の下請けみたいなことになってしまっています。

そうやって子どもを追いつめているのに気づかず、こじらせている家庭がかなりあります。私は、それを「**学校下請け症候群**」と名付けました。

中高一貫校など宿題が多い学校にも、このシンドロームを患っている親子を多く見ます。真面目なお母さんほど、陥りやすいものです。

学校の先生からの言葉は、一つの忠告として受け取ればいい。しかし、子どもの今の状態にとって、無理難題になるようなことには、家庭が防波堤になってあげることも必要なのではないかと思います。

五月雨登校や不登校予備軍のご家族にあてはまる方、いると思います。まだ、今なら間に合います。下請けをやめましょう。

子育ては人生最大の難問：親も子も成長する機会

不登校に悩むお母さんやお父さんは、それはもう苦しんでいます。お母さんなんて、大声でワンワン泣きたいくらいでしょうし、これまでそんなシーンをたくさん見てきました。

生徒たちと話をしていると、「ある日、ゲームをしていたら、お母さんと大喧嘩になって、たたかれたことがあるんです。でも、たたきながら泣くんですよ。本当はこんなことしたくないんだって」。

その気持ち、とてもわかります。普段ガマンしてこらえていた感情の蓋が開いた瞬間、一気に出てくるのですよね。

お母さんにとって、わが子が不登校になるなんて想定外です。子育て自体、何から何まで、すべてが初めてのことです。お兄ちゃんやお姉ちゃんがいても、それぞれ子どもは性格も能力も違います。兄弟だから似ているとは限りません。だから、毎回初めてで、わからないことばかりです。

それを、より良きようにとの思いで、尽くしてくれているのがお母さんです。**悪気があってすることなんて何一つありません。**

わが子を育てるのは、人生最大の難問です。相手は、長い人生を生き抜く人間です。しかも、主体は相手にあり、思い通りにいくとは限らないからです。常に修正と改良が求められます。

だから、**親も子育てを通して人として成長する**のです。

人が成長するのに必要なことは、「そうですね」と受け入れる力。

子どもと同じように、素直な心で向き合うのが、とても大切です。

子ども VOICE　アンケートの声

質問攻めはやめて。親の本音が聞きたい

中1の3月から中3冬にかけて、不登校を経験して、今20歳になりました。

不登校になってすぐは「もうあんなとこ行きたくない」「学校の誰にも会いたくない」と思って、それが長くなるにつれて、今度は、自己嫌悪が大きくなりました。

不登校のときに親の言動でイヤだったのが、一方的に質問攻めしてくるところでした。「なんで、どうして」と一気に聞かれると、こたえようと思っても怖くなってこたえられなくなるし、伝えたいことがなんなのかも頭が混乱してわからなくなってしまうんです。

あとは、学校の話題。学校から逃げることへの罪悪感とか、自分に対しての嫌悪感が積み重なっていく感じがしていました。

逆に良かったのは、何気ない日常の会話。「今日のご飯何がいい？」とか、「今度ここ行ってみたいね」や「道でみた猫がかわいかった」など。一時的であって、これも一つの逃げではあるけど、何気ない会話は明るい気持ちになれるものでした。

読者の方へのアドバイスとするなら、まずは親子で気分転換に旅行でもしてみたらいいと思います。私の場合は、旅行を楽しんでいるうちに親と腹を割って話ができたし、逆に親が自分のことをどう思っているのかを知ることができました。

第3章

お父さんレッスン

不登校に悩むお父さんが家族のためにできること

本章のテーマは「お父さんレッスン」です。

お父さんは、お母さんに比べると、お子さんたちと少し距離があるかもしれません。でも、その距離感が活きるケースが多々あります。元気学園でさまざまなご家族を見てきたからこそお伝えできるお話をご紹介します。

お母さん家庭の場合であれば、〝お父さん的な役割〟とは、こういうものかという点でヒントになるはずです。男の子の子育てでは、男手が必要な場面もあり、お母さんにプラスして、お父さんの力が加わってようやく乗り越えられる壁もあります。

お父さんのタイプは、二種類ある!?

子どもが母親の言うことを聞かなくなると、「あなたからも注意して」と父親に応援を頼みます。そのときの、お父さんのタイプは大きく分けると二種類あって、
お母さんの言葉をそのまま信じて子どもに「だめじゃないか!」と言う人。

自分の目で確かめてから言葉を選び、行動する人です。

後者のようなお父さんになれたらいいなと、私は思います。

聞いた話をそのまま受け取って叱るのではなく、子どもの状態はどうか、母親の状態はどうか、母親と子どもの関係はどうなっているのかを、まず、**自分の目で見て、確かめてみる。**

相談に来た子どもから、「お父さんはお母さんの手下みたいだ」と、聞くこともあります。もちろんお父さんからしたら、妻の手下をしているつもりはないでしょう。しかし、子どもから見るとそう映ることもあるのです。

お母さんというのは、子どもに対しては大権力者です。

子育て以外のことなら常識的で偏りの少ない人でも、わが子のことになると、盲目的になってしまうことも……。もし、家の中で他人の目のない空間で、母子関係にゆがみが生じているとしたら、**救い出せるのは父親だけです。**

母親の目に狂いがないこともありますし、長い間の母子関係で、思い込みや先入観にとらわれていることもあります。

だからこそ、父親として、自分の目でよく確かめてから、子どもに方向性を示してあげてください。

仕事が忙しいなんて、言い訳をして逃げないでくださいね。

子どもと、母親（妻）を見て、助けることこそ、父親にしかできない価値ある仕事です。

子ども VOICE　アンケートの声

親の心配そうな顔を見て、罪悪感を感じた

中学校１年生のときに不登校になって、現在は高校３年生になりました。

不登校のときに親にされてイヤだったことは、親が心配そうな顔をしているのを見るときでした。心配してくれるのはうれしいんだけど、罪悪感を感じるんですよね。

逆に親にされてうれしかったのは、責めずに見守ってくれたことです。それと毎日、声をかけ続けてくれたこと。不登校になってすぐに学園を見つけてきてくれて、連れてきてくれたことです。

学園にいると、緊張せずにいられるし、自分のことを話せる相手がいるし、先輩たちのお手本があることもあって、将来に対しても希望を見つけることができました。

学園にくるまでは、どうやって生きていっていいかもわからない状態だったのが、今は将来のために毎日努力できる環境があるのもうれしいです。

世の中が鍛えてくれるまで、育て上げねば

お父さんから相談を受けるとき、よく聞く話が、「妻の言うことは、まったく一貫性がないのですよ。『どうにかしてよ！』と言われるばかりで、何をどう手伝ったらいいかわからないのです」ということ。

相談を聞いていると、**女性は感情を、男性は事実を述べる**傾向があるようです。

子どもが学校に行かないと、お母さんは「ああ、早く何とかしなきゃ、どうしよう」。お父さんは「まあ、そんな時期もあるよ。そのうち世間に出たら、そこで鍛えてくれるよ」と、父と母には温度差があります。

そんなお父さんが焦り出すのが、子どもが18歳を過ぎたあとです。

「うちの子が働こうとしないのはなぜ？　どうもおかしいぞ？」
「『仕事をしたら、そこで鍛えてもらえるからいいのだ』の当てが外れるかもしれない……」

仕事をするその前に、そもそも世間へ出ていけるかという問題が、大きな壁としてあります。中高生の頃に外へ出て行けない子が、大人になってからできるでしょうか？　世間で鍛えてもらうことは、現実的なのでしょうか？　仕事は教えてもらわないとできないので、指導もあるし注意されることもあるでしょう。その注意されることが大キライに育ってしまっていたら？

世の中に出ていく準備は、中高生の頃にするのが望ましいです。
時は取り戻せないから、この温度差ができる前に、気づいて手を打ってください。

お父さんが相談してくる、よくあるケース

在校生のお母さんが、「主人に感謝しています」と聞かせてくれた話があります。

「もう学校には行けないなと認めた日、ピンと張りつめていた糸が緩んで、気持ちがほうけてしまいました。それを見て、夫が、元気学園を探してきてくれました。電話をして面談の予約をとるのも、当日も、車で連れて行ってくれて、すべてやってもらってありがたかったです。あのときに、学園につないでもらえなかったら、今もあのままの状態かもしれません」

お父さんが電話で相談してくるケースは、

「私の子でもあるけれど、あなたの子でもあるでしょ。どうにかして」と、母親のエ

ネルギーが爆発したとき。さらに深刻になると、怒りどころではなく、母親が、うつや放心状態になってしまい、「これでは妻がこわれてしまう」「こんなことでは、家族が崩壊する！」と父親が登場する場合もあります。

どちらにしても、お母さんにはお手上げ状態のときです。

子育ては、母親だけに任せていてはいけない、と父親が気づいたことはいいことです。**子どもの状況が母親一人では、とうてい太刀打ちできないものだと父親が理解したことに意味があります。**

どんなことでもそうだと思いますが、最も苦しいときは、人には相談できません。気持ちがいっぱいいっぱいで、人に頼るという考えも出てこないくらいだからです。**誰かに相談できるようになるには、エネルギーが必要**なのです。そこで、一番身近な存在が、助け船を出してくれるのはありがたいものです。

子どものことを、優先順位の一番にしてみよう

面談の予約をする際に、仕事があるから、その日はダメ、こっちはムリと、ご自身の都合を優先しようとする方に、「何のために働いているのですか？」と聞くと、「子どものためです、家族のためです」とこたえます。

それであるなら、**仕事より何より、今困っているこの子を一番に考えて**みるといい。

困っているから相談したい、よい知恵を求めているのが自分だとしたら、相手に都合を合わせて、仕事を休んでくるくらいになると、子どもが動き出します。

どんな問題もそうですが、**優先順位の一番にしてみたら、解決の方向性が見えてきます。**少なくとも、後回しにするより、早く問題の本質に到達できます。不登校の悩みで、最も大きいのは、**「あのときもっとできたはず」**という後悔です。

会社で部下が大勢いたり、それなりのポジションにいる方は、普段、周りに合わせることが少なくなっているかもしれません。そんなお父さんが、「子どものことは、仕事とは別です。そちらに合わせます」という姿勢になると、子どもが段々と素直になっていきます。とても興味深いことですが、**親が第三者の声に耳を傾けるようになると、子どもたちも親の意見に耳を傾け出します。**私が考えるその理由はこうです。

親が仕事を休んででも自分のことを優先順位の一番としているとわかると、**仕事より何より自分を大切にしてくれているという親の愛情を感じる（仕事＜子ども）。**また、**事の重大さを、本人も認識する。**学校も勉強も後回しにして現実から目を背けたい、自分のことにかまわないでほしいと思っていたけれど、〝あの親〟が本気で心配してくれていると**親の覚悟がわかると、「僕も私も逃げてばかりではいられない」となっていきます。向き合う勇気を与えてもらえるのです。**

泉の場所を探してあげる

長い人生で生活していくためには、どこからか糧を得ないといけません。最近の傾向として、子育てのゴールを大学受験においている方が多く見受けられますが、父親には子どもが「大学生」になることの先にある、「働く」ことについて、自分の経験も含めて、**子どもに「生きる」メッセージを伝えてもらいたい**のです。

仕事をライスワークとライフワークの二軸に分けると、ライスワークは食べていくための仕事で、ライフワークは夢を実現しようとすること、使命を全うするものです。ライフワークは漠然としていて、自分の嗜好や人との出会いによって左右されていくもので、一方、ライスワークは自分の生活の土台となるものです。

このライスワークを、お父さんにこそ、ぜひ考えてもらいたいです。

うちの子にとって、どこから泉が湧いてくる（生活の糧を得る）のか？　その場所を探してあげるのが、父親の役割かもしれません。

わが子は何に向いているのか？　どういう仕事ができるのか？

そして、仕事にするなら、毎日続くことが基本条件です。

子どもにとって、「好きなこと」と「続くこと」は、同じではありません。

ゲームが好きだから仕事になるのか？　仕事にするには、何を身につければ良いか？　**子どもの得意なことや能力を知って、将来を考えてみてください。**

次に父親がすることとは、自分で教育ができないことを、どこに託すかを考えてみることです。

１０４ページの「心のおじぎ」でも触れましたが、その際、わが子を託す先に、父親自身が「この子をお願いします」と、深々と頭を下げられるかどうかも大切です。

男の子の場合、お父さんが、心から「よろしくお願いします」と頭を下げた人には、必ず、敬意を示します。

そのときの父親の姿が、子どもにとって、**「この人を信じていいんだよ」**というメッセージになります。

「この人はあなたに決して悪いことはしない」「親と同じように、あなたにとって良いことしかしないよ。大丈夫」と、子どもを安心させることも、親の役割の一つだと思うのです。

子ども VOICE　アンケートの声

「やればできる」と言わないで！

小学校４年生のときに不登校になって、いまは 18 歳、高校３年になります。

不登校のときに親にされてイヤだったのが、「やればできるでしょ」という言葉でした。やろうと思ってもできないし、実際できないから不登校になっているので、背中を押されても、できないよという状況なんです。問い詰められるようなときもあって、きつかったです。

逆にうれしかったのが、「何とかなるよ」という言葉。その場しのぎの言葉なのはわかるんだけど、その言葉で安心できたし、自分のことを受け入れてもらえたと感じました。

読者の親の方や大人の人に伝えるとしたら、子どもができないことを、自分の価値観で「できる。できるでしょ」と簡単に言うのは、やめた方がいいと思います。

学園にきてよかったのが、「できないって言わなくても、できることとできないことをしっかり見て分かってくれたこと」でした。先生たちは、よく見てくれているんです。私以上に私のことを知っているんじゃないかと驚くこともあります。できるように、何度も教えてくれるし、いろんな方法を試してみてもくれます。だから、気がつくとできるようになっていることが増えていて、「わ〜、私、こんなにできるようになってる！」と自分でも、感動することがあります。

あなたの会社で、わが子を雇いますか？

元気学園の生活で、子どもたちと接していると、中学2〜3年生を過ぎる頃には、日常生活にしても、作業するにしても、頼りになると感じることや、任せられることが増えていきます。

ですから、わが子を客観的に評価する目安として、「うちの会社で雇うかな？」という目で見るのは、ひとつの指標になるかもしれません。

この話をすると、お父さん方から、「新入社員が、うちの子そっくりなのですよ」「うちの会社に、よく似たのがいます」なんていう声が上がります。

職場の中で、どんなことならできるかと考えてみたら、ちょっと学力が足りないな、体力的に大変そうだ、注意したら次の日来なくなっちゃうかな、など、いろいろと気になる点も浮かび上がると思います。

わが子を客観的に見て、会社で採用オッケーと言えそうなら、不登校のことは、それほど心配する必要はないと思います。不登校にもいろいろなタイプがありますから、「学校」には向かないけれど、仕事ならできるタイプ（役に立つ）の子もいます。上手に育て上げてください。

しかし、とても雇えない……と思うなら、**なぜそう考えるのかを真剣に掘り下げてみてください。**

悠長なことは言っていられません、あと5、6年もしたら成人になります。時間はあっという間に過ぎます。思い至るなら、いますぐ行動です。

夢や自由、好きを語る前に、目の前のことを

わが子には、「好きなことをしてもらいたい」「自由にすればいい」。こんなことを言う父母たちが、急速に増えてきました。その一方で、夢がない、好きなことがない、「自分には何もない」と言って涙する子も増えています。

自由にとか、夢とか、好きというのは、魔法の言葉でもあり、危険な言葉です。

私は、夢や自由、好きを語る前に、子どもたちに「目の前のことを一生懸命しようよ！」と伝えます。

自分の今あるところの足元をしっかり踏みしめて、「今」を生きる。

頭に描けない夢を追い求めてさまようのではなく、今を懸命に生きている間に、夢

や好きなことは、あらわれてくるものだと思います。

夢を抱くことを否定しているわけではありません。夢によって、底知れないエネルギーが湧いてもくるし、好きなことは心を熱くしてくれます。

しかし、夢を旗印にしていいかどうかは、わが子の能力や性格と、親の覚悟が必要です。自由な教育の結果、後始末をつけられるかどうかです。

□好きなことを見つけて、ぐんぐん進める力があるのであれば……◯
□自堕落な生活に陥るようなら……×
□好き探しが宙ぶらりんになるなら……×

普段から、何をするでもなく無目的に過ごしているのに、「好きにしていい、自由にしていい」と権利だけを与えてしまうのは、とても危険なことです。

社会のルール（矩）を、家で教えるには

私たちが生きていくためには、いろんな矩（のり）があると思っています。矩というのは、**「人として従うべき道理」**のこと。ルールとも言えますし、箱の壁のようなもの。内と外を分けるものとも言えます。

文化や民族の壁もありますし、憲法や法律や教育、慣習などもそれに入ります。言葉にできるものもありますが、言語化できないものの方が多いでしょう。

もっとシンプルに言えば、自分が属している場所でのルールや礼儀のようなものと言い換えることもできます。

その「矩」が不登校になると、「来られないなら、来られるときだけでいいよ」「何をしていてもいいよ」「好きなようにすればいいいんだよ」と、**不登校という不測の事**

態の中で〝どろどろ〟と溶けてしまう……ことになりかねません。つまり、「何でもあり」の世界となり、規律やけじめがなくなっていくのです。

例えば、仕事では「自分が休んだら、周りが困る」という感覚が普通ですが、「調子が悪くて休んだんだ、何が悪いんだ」という考えをもつようになったらどうでしょうか？　会社も社会も回っていきません。

この感覚というのは、実はとても教えにくいものです。日々の営みの中、浸透圧で身につけていくものだと思います。

この「矩」を維持するのは、母親より子どもと距離がある、父親の役割かもしれません。不登校になると、わが子のわがままや勝手をどこまで許すかのバランスが問われます。そこで、「**子どもは社会の子**」だから、「**社会に出ていくために必要なことは何か**」の視点を失わずに、子どもと向き合ってください。

〝男〟としてのお父さんの出番

家で子どもが暴れた最初の日、「その日」こそ、お父さんの出番です。

とくに、男の子に対しては、「俺の妻に何をするんだ！」と妻（母）を守る夫（父）になって、お母さんを守ってください。

そうでないと、家族の序列が崩壊してしまいます。

家の文化というのは、毎日の生活がつくり出し、またそれによって維持されています。もし親子関係が逆転するのを認めたら、その日から家庭の文化が変わります。

男の子の場合、お父さんが仕事で忙しくて、不在の時間が長い家ほど、父親に代わって息子が家の主のようになりがちです。

しかしながら、そういう家庭に限って、母子関係が崩れる前には、お母さんと息子が密着して、ものすごく仲良しだったりするのだから問題は複雑で……。母親と一緒に、父親の悪口を一緒に言っていたりして……。母親もお父さんより息子の方がかわいくって、ずっと大切にしていたりすることもあります。

なので、父親は「お前たちは似た者同士じゃないか！」と思っていたり、「母親の育て方が悪い」と決めつけていたりしますが、妻からすると、「あなたは子育てに参加していない」「いつも忙しいと言って家にいない」「思春期に入って難しくなったのに私に任せっきり……」など、お互いの言い分の繰り返しになりがちです。

お互いに、言いたいことは山ほどあるかもしれない。子育てには、いろいろなことがあるけれど、**原因をつくりだしているのは、今日の出来事ではなく過去にあり、解決は、過去ではなく未来にあるから、逃げずに対処です。**

妻にはねぎらいの言葉を

「1週間仕事を休んで子どもについていたら、きっとわかりますよ」

そうやって、実際に会社を休んで子どもについていたお父さんがいます。

このアドバイスを実行した父親は、こ〜〜んなに大変なことを妻に任せていたのかと大いに反省して、妻への感謝が湧いてきたと言います。

相談に来た当初、あまりにも母親批判がひどいので、「あなたが息子と一緒に一日中いてごらんなさいよ」という言葉が出たのですが、このお父さんの立派なところは、実際に会社を休んで、行動したことです。

「お前の育て方が悪いんだ」と、**母親に対して思っている間は、父親はただの批評家です。**批評家である間は、好きなことを言っていられますが、批評家からステップアップすると、現場の人になり汚れ仕事もする。自分が子どもの世話をするようになると、妻の気持ちがわかってきます。

人間は、言葉だけでは育ちません。何もしなくても、ご飯を食べさせないといけないし、外に連れ出そうとすれば、着替えもさせないといけない。口うるさいところは、お母さんに反省してもらって（子どもが叱られていると、自分が咎められているような気がするそうです）、それ以外は、ありがたい存在です。

だから、お母さんに、もっとねぎらいの言葉を。「ありがとう」と肩もみするのもいいし、一緒にお風呂に入って、「こんなに大変なことを毎日してくれて、ありがとう」と感謝を述べながら、背中を流すくらいしても、罰はあたりません！

大切なのは、子どもだけではないはず。いつの頃か、「この人を、幸せにしよう」と思った時期があったはずです。妻（お母さん）をもっと大切にしましょう。

もっと夫を褒めよう、称えよう。息を合わせよう

仕事で忙しいお父さん。家に帰るのが遅くて、家族の手伝いもしてくれないほどであれば、なおさら、**お父さんのことを、子どもの前で、褒めてみましょう。**「お父さんが、一生懸命働いてくれているから、うちは成り立っているのだよ」「お父さんのおかげだね」。こういう言葉は、子どものお父さんへの敬意を育てます。
もっともっと、お父さんを褒めよう!

と、**ここまでを、しっかりお母さんに読んでもらいましょう。**

子どもが親の言うことを聞かないというのは、親が尊敬に値しないか、親が無理難題を言っているかのどちらかです。ですから、子どもに、できない無理を言うのは、

やめにする。尊敬される親になるには、人に頼ってみる。夫婦でお互いに頼り合う。自分で、「俺は偉いだろう〜」と自慢するより、他の人が、「あの人は立派だ」と言ってくれた方が、真実味を感じます。

母親から、父親の批判ばかり聞かされて育つと、子どもは当然、父親を尊敬しません。しかし、お母さんが、お父さんを褒めると、ぐんと父親の株が上がります。もちろん、この言葉を発するのは本心であって、心のおじぎをともなっているものでないといけません。

そして、お父さんも、お母さんを褒める。「こんなに親切にしてくれる人は、ママ以外にいないね」といった言葉を、子どもに伝えましょう。

先日、新入生のお母さんが、「**相談に来てから、夫が変わった。ものすごく優しくなった**」とうれしそうに報告してきました。元気学園の入学前の面談は、家族療法みたいなものです。お父さん、お母さんの考え方や、見方が変わったのだと思います。

Column

「うちにはいい息子がいた」と発見したお父さん

「こいつは、ただの怠け者なのか？」と思うこともあります。イヤなことから、逃げ回っているようにしか見えない。つまらんヤツだと腹が立つこともある。でも、私からすると、憎めない息子です。だから、よろしくお願いします。

と、話すお父さんがいらっしゃいました。

当の息子は、出会った頃は、何をするにしても、「どうせやったってできないからおもしろくない」が前面に出る子ども。お母さんとは口も利かないし、もちろん言うことなんて聞かない。しかし、お父さんなら、少しは聞くということで、いつも父親と来ていました。当時、お父さんからすると、「何を考えているのかわからない」、理解不能な息子さんであったと思います。

そんな、心が離れてしまっている親子に提案したのが、「**できるだけ学園に足を運んで、子どもと一緒に作業をしてみてください。数か月後には、『うちには、いい息子がいたなあ』って、お父さん自身が言うようになりますよ**」ということでした。

アドバイス通り、お父さんは度々やってきて、当校の日本平キャンパスの草刈りをするようになりました。しばらく経つと、「息子が飲み物をもってくるようになった」「家では、同じ空間にいられなかったのに、横に座るようになった」「そのうち、ポツリポツリとしゃべり出した」「真っ白だった肌が、日焼けして、やせていたからだに筋肉がついているのがわかる」「すぐに疲れたそぶりを見せなくなった」「一生懸命、作業するようになった」「道具の使い方を教えてくれと聞いてくるようになった」。数えきれない変化が生じました。

そしてある日、「**先生の言った通り、うちにはいい息子がいました**」と語ってくれました。**父と息子が同じ時間を共有することで、見失っていた息子を発見したのです。**

男は社会性の動物

家で見るお父さんの生活から、お母さん（妻）の目には「主人は勝手だ」と映るかもしれないけれど、会社ではチームで仕事をしていて、男性って一旦決まったことには、忠実です。逆に女性の方が、長く話をして、わかってくれたかなと思った頃に、「でもね、先生」と振り出しに戻る。「今までの時間は何だったんだ！」、〝どっひゃ～ん〟ってこともあります（笑）。

ジェンダーの話題にはタブーが多くて、言葉を選び出すと何も言えなくなっていくのですが、男女とも預かっていると、明らかに性差を感じます。

元気学園の寮は、小学生がいるときもあったり、中高生をメインに年齢も幅広く、一律の入試があるわけでもなく、構成メンバーが多様です。出身地もバラバラ、日本全国から来ているし、帰国子女もいたり、一年に一回、海外から留学生もやってきます。そうして、さまざまな子どもたちを見ると、やはり、性差ってあると思うのです。

男子たちは、普段、「周りは何するものぞ」と勝手ではあるけれど、あるところでは、仲間意識なのか、暗黙の掟なのか、不思議な一体感があります（笑）。人類の遺伝子の中に、群れとしての習性みたいなものがあるのでしょうか。勝手な子がはじかれるのは、不登校問題にもつながっていきます。**男の子を育てるときに、チームとして仕事ができるような社会性の部分は、お父さんの受け持ち分野だと思います。**

また、男子たちの特徴として、父親には従います。面談にきて、お父さんが立ち上がり、止まってきちんと挨拶をすると、姿勢悪く座っていた息子も、必ず、頭を下げます。これは、形だけのことではありません。親が信頼できる人には、子どもも従うということなのです。ですから、**自分の目にかなう人と息子をつなげていく**こと、それが大切なのではないでしょうか。

再出発を阻む、よくある二大失敗

何かを始めさせたいときのお父さんの禁句は、**「お前が学校に行けば、こんなところに来なくてもいいのだ」**みたいなことを言って、やる気を削ぐことです。

これから始めようとすることに、ケチをつけられて、喜んで行う子どもなんていません。

元気学園を含め、学校に代わる別の場所を見つけてきたときも、じつは「学校の方がマシだから、学校に行ってほしい」といったことを言いたいのかもしれませんが、逃げてばかりの子どもが前に進むときには背中を押すのが、親の仕事でしょう。

仕事に置き換えてみるとわかると思います。交渉相手に「イエス」と言わせたいとき、相手を不愉快にするようなことはしないですよね。自社がいかに良いところかをアピールすると思うのです。

また、何かを始めるときに、**「責任をもってやるのか？」**と問うのも、失敗の責任という重荷を、始める前から子どもに背負わせることになって、また動かなくさせてしまいます。

親の口から責任を、という言葉が出てくるのは、子どもへの不信感があるのではないかと思います。今まできちんとしていなかったから、今回も同じことを繰り返さないようにという心配な気持ちからなのでしょう。しかし、うまくいかない場合の責任を背負わせるよりも、**うまくいくために協力するという姿勢の方が、再出発を後押しします。**

これらの言葉が出てくる理由を考えてみると、親もこれまでの子どもとの関係で、傷ついているからではないかと思います。「なぜだ」という悲しみと怒りが交錯する疑問や、「またか」というがっかりが、ふとしたときにトゲのある言葉として出てきてしまう。

しかし、子どもと親は共同体で、子どもの得は親の得であり、子どもの損は親の損です。傷も、親の痛みは、子どもの痛みであり、子どもの痛みは、親の痛みです。

だから、**信頼を核とした、お互いに傷つけ合わないような、ものの考え方を取り入れていってもらいたい**です。

子どもとの関係で忘れてはいけないのは、子どもには替えがないことです。

商品なら、新しいものに交換してもらうこともできるけれど、わが子をよその子と交換することなんてできない。「換えよう」と言われても、「絶対イヤです」と言ってしまうのが、うちの子です。「他があるから君はいい」とは言えない大切なわが子だから、子どものことをよく知って、こわさずに大人にしていきたいですね。

第4章

子どもを助ける親になる

今日から始めてもらいたい行動のヒント

本書の最終章は、まとめ（お知らせしたいことはたくさんあって、まとめきれないのですが）として、「この本を読んで、いますぐにでも、お母さん、お父さんが行動できる・してほしいヒント」をお伝えします。

子どもたちは常に成長して変化する年齢です。だからこそ、

①不登校になった直後
②不登校になって少し経ってから
③不登校から半年以上経過した後

この3つでは対応が変わってきます。

元気学園に相談に来られる父母の方の中には、これらを混同している方や、どうすればいいか戸惑っていたりする様子をよく見かけます。

これまでの経験をもとに、順を追って説明していきながら、これだけは知っておい

てもらいたいというメッセージをお伝えします。特に、不登校問題は、時間が経たないとわからないことが多く、後悔につながるケースが多発しています。それについては、長年の経験が何かしらのお役に立てれば幸いです。ぜひ、参考にしてみてください。

学校に行かなくなった直後

学校を休みだした直後は、ただの風邪なのか、体調不良なのか、よくわからない。父母の方のアンケートにもありましたが、その頃は、

「まあ、なんとかなるだろう」
「少し休めば大丈夫だろう」

と、思っている方がほとんどです。子どもと親にはずいぶん感覚差があります。

子どもの方は、学校に行かない（行けない）スイッチを一つずつ入れていって、すべての条件がそろって、最後に不登校となります。

しかし、親の方は、「学校に行かなくなった瞬間から始まった」といった感覚です。そう思っている親は、「まだすぐに戻れる。大丈夫」と感じ、すべて終わった方は、「聞かれなくても、もうこたえは出ていて、どうやってもムリ」。

生徒たちに話を聞いてみると、「今日から行かないと決めた日がある」というのが半数くらいでした。

学校に行かなくなった違和感を覚えたときに慌てて、これまで毎日学校へ行っていたのだから、「どうしたの？」「大丈夫だよね」と、親が強く出ると、子どもは〝ガウーっ〟と向かってくる場合もあれば、逆にふさぎ込んで部屋から出てこなくなることもあります。そんな対応に悩む親御さんも多いはずです。

このときのポイントは、**感情に流されず真実を見る目をもつこと。**

まずは、子どもたちの話をじっくり聞いてみましょう。けれど、言葉で本当のことを言うとも限りません。発した言葉に、敏感になり過ぎないようにしてください。

言葉以上に、からだや、生活の周辺に気を配ることです。

例えば、

- □ からだにあざやケガはないか
- □ お金の使い道に変わったところはないか
- □ 持ち物がなくなっていないか
- □ 宿題はしているのか
- □ 提出物は出しているか
- □ 習い事や塾へきちんと行っているか

など、です。人間関係のトラブルに巻き込まれていないかについては、要チェックです。

また、顔色や食欲、睡眠などの健康状態も忘れずにチェックしてください。

とくに、食事だけはきちんと摂るように意識してください。

もし、お子さんがごはんを食べたがらなくても、食事の用意をしてあげてください。

親子喧嘩も、食事だけは、休戦にしましょう。

食べないと、からだをこわしてしまいます。しかも、成長期の最も伸び盛りの時期は、脳や臓器をつくる年齢ですから、食べ物だけは、しっかり与えてください。

子どもたちからも、不登校のときに「つくりおきのごはんがあったのがうれしかった」という声をよく聞きます。親の前では口にしなくても、一人になったときにそっと食べることもあるので、冷蔵庫や棚には、食べ物をストックしてあるといいですね。学校に行かなくなった直後だけでなく、食事を介したコミュニケーションって、とても大切です。

つくりおきのごはんに、一言、書き置きでもすれば、もっといいですよ。

子どもは、親のいぬ間に、ごはんを食べながらそれをしっかり読んで、親の気持ちを感じ取ってくれています。

不登校になって少し経ってから

親御さんからの相談でちらほら聞くのが、「中学校は行かなくても卒業できるとインターネットに出ていたから、子どもが『学校へ行かなくていい』って言うのです。どうすればいいですか？」というもの。

子どもは親からの「学校へ行きなさい」への盾として、この話を利用しています。「学校はイヤだ」という思いを親に許してもらいたい気持ちがあるのでしょう。子どもがイヤがるのには、必ず本人なりの理由があります。こういうときこそ親の出番です。わが子にとっての一番の味方は親なのですから、へんな言い訳に話をすり替えないで、**子どもの心の声に耳を傾け、怠けや勝手だと決めつけずに、丁寧に向き合ってほしい**と思います。

そのときに、親であり、一人の経験ある大人として、**自分たちの考えや思いも伝えられる**といいですね。

たとえば、「卒業するために学校に行くわけではないよ。学校は学ぶためにあるのだよ。だから、行きたくなければ無理に学校に行かなくてもいいけれど、勉強はしなければいけない。あなたには大人になるための準備が必要なのだよ」と。

もちろん、内容はそれぞれの家庭の価値観によって異なります。「うちは学校に行かなくていいなんて言えない」というところもあれば、「勉強は二の次でもいいから、生活だけはきちんとしてほしい」など、それぞれの考えがあるでしょう。ご家庭の方針と子どもの現状を見ながら、怒った口調ではなく冷静に真剣に、穏やかに伝えましょう。

強い言い方をしてしまうと追いつめられて、拒絶をしてしまいます。場合によっては、別の場所に逃げ込んでしまうことも……。

愛情を心において、子どもに真剣に伝えてください。

私は、不登校を長引かせないためにも、問題が先送りになってしまう危機感をもち、早めに、**個人のできること・できないことに目を向けた、根本的な対処**をした方がいいと思います。しかし、危機感は誰かに強制されるものではないので、この本が、行動の促進剤になっていくことを期待します。よき相談者を見つけていくのもこの時期です。一番最初に、どんな方法を選ぶかは重要ポイントです。

追い詰めないでのサインを見逃さないで

子どもたちが逃げ込む場所としては、ゲームや漫画、ネットの世界などが挙げられます。これらの怖いところはつながっている相手がどんな考え方で、どんな影響を子どもに与えるかがわからないことです。

親に背中を向けて別の世界に入り込むことで、子どもは自分を守っています。

怖いのは、最初は逃げるためにしていたことが、そのうち居心地が良くなってしまい、そこから抜け出せなくなってしまうことです。親の方は、子どもを追い込んでいるつもりはなくても、親の考え方自体に明確な指針や道筋がなければ、子どもをそちら側へ追いやってしまうこともあるので、注意してください。

子どもを追いつめてしまうと、めまいやからだの痛みのような体調不良となって表れる場合もあります。また、過呼吸やリストカット、自分を〝人質〟にとって脅すといった形をとることもあります。これらのケースはどちらかというと女の子に多いですが、いずれも「もうこれ以上追い詰めないで」というサインです。

この状態が続くと、不登校の元の原因から離れた別の理由で状況をこじらせてしまいます。

学校に行かなくなったら、無理に学校へ行かせようとするより、これ以上**こじらせない方法（別の世界に逃げ込ませないことも含める）を優先したい**ところです。なおすことやこじらせることについては、第1章27、38ページで触れているので、もう一度ご覧ください。**子どもが出すサインに気づいたら、すぐにそれをやめることが大切です。**

不登校から半年以上経過した後の対応

半年過ぎれば、不登校が学校ではなく、家庭での問題に変わっていきます。**会話の主題が「学校へ行くこと」ではなく、「どうする？」に変化するのもこの時期です。**

そんなとき、子どもは、聞かれても返事のしようがないので、昼夜逆転で親と真逆の生活をしたり、一緒にご飯を食べないなど、できるだけ親と顔を合わせないようにする生活が常態化していきます。

親としても「このままではいけない」と思いながら、仕事を休んでずっとついているわけにもいかず、許すしかない……。

ここで抱える家庭での問題は、アンバランスさの中で、不安定ながらもバランスがとれていることで、どちらかが動かない限りは、その均衡が保たれてしまうことです。

それが長い不登校状態を生むのです。

学校には、行った方がいい・できれば行きたいという気持ちは子どもにはありますから、休まず学校に通っている同級生たちを思い出して、「追いつけない」と先が見えなくなったような気持ちになりがちです。親も疲れてしまい、そこで気を緩めると、自堕落な生活に拍車がかかります。

父母が積極的に動いて現状を変えようとした方がいいのが、この半年を過ぎた時期です。

何かを始めて6か月経つと、そのことの結果が一つ出ます。ですから、不登校期間がもし半年を越したら、休み始めた日々の結果が出たと考えてみましょう。

この状態を決して、続けないこと！

子どもにとっての半年というのは、成長著しい濃密な時間ですから、次の6か月が同じにならないように「**親が積極的に新しい方法に変える**」ことを取り入れてください。

合言葉は、焦らず急げです。

子どもとの距離を置くのに、誰かに預けていいケース・悪いケース

子どもとの距離を置くことは、一つの選択肢ですが、それを成功させるポイントは、**「どんなところに預けるか」**です。留学も含めて、短期的には良くても、長期的に見ると、新しい苦労をつくり出すこともあります。

子どもとぶつかり合ってしまうと感じている父母は、おじいちゃんやおばあちゃんのところに預けようとします。

それは、**うまくいくこともある一方、そうでないこともあります。**

こじらせるケースは、預けた祖父母から、「こんなことをした。あんなことをした」「こんな困ったことがあった」「もうムリ!!」といった、説明書付きで家に戻される場

合です。父方か母方かのどちらかの親からの大苦情を受けて、夫婦関係にも亀裂が入ることもあります。

本人の穏やかさを取り戻すために変えた環境が、かえって逆効果となります。

思春期の子どもたちは、エネルギッシュです。親の手に負えない子を、年老いた祖父母ではとても世話はできません。また、口うるさい親を育てたその親でもある祖父母が、「もっと厳格で口うるさかった！」ということもよくあることです。

子どもにとっては、祖父母のところに行くことで、また一つ、居場所をなくし、批判をする人を増やしてしまいます。

うまくいくのは、小言を言わないおおらかな祖父母のそばにいられるケースです。

そんな場であると、子どもたちの心が安定してきます。お手伝いをしたら、「ありがとう」と言われることで、よじれていた心が素直になり、祖父母に癒やされて、生気を取り戻します。

子どもは、当然のことながら、父か母のどちらかに似ています。このとき、男の子を育てる母親は、自分と似ているところは理解できるのですが、違い過ぎるところは難しい……。ただ、そこを掘り下げると、「主人に似ていた！」ということがあるのが、お母さんたちのあるある話です（笑）。

ですから、おばあちゃんに子育てのアドバイスをもらうのは、理にかなっています。おばあちゃんの方が、息子（孫）の扱いがうまいかもしれません。

祖父母のところを経由して、「ようやく相談できるくらいになった」といって元気学園にもやってくる子たちがいます。おじいちゃんやおばあちゃんのところで、怒りや苛立ちの感情の波が消え、親の言葉に耳を貸すようになったのでしょう。

同じようなケースとして、引きこもりだった子どもに一人暮らしをさせたり、摂食障害や親子のトラブルがあると家から出して一人暮らしをさせるという話をよく聞きます。生活環境を変えることは、有効なアプローチです。

ただし、家で手に負えないから外に出すという、ネガティブな選択ならやめた方が良いです。

問題をより難しくしていきますし、厄介な人間関係をつくり出したり、食事が不規則でからだをこわして、もっと事が深刻になっていきます。

留学から帰ってきてからの相談もよく受けますが、身の回りのことを何もできない子を外国に出したからといって、刺激を受けるまでもなく、何もできないままで終わってしまったり、そこで身につけた嗜好や生活習慣が、次の悩みになってくる場合があります。

元気学園も親子が離れる場所です。新入生の受け入れには、細心の準備をします。新入生が、**家からもってくるイライラや暗い気持ちを、みんなの親切で消していくと、人の温かさや優しさを感じて、だんだん顔が柔らかくなってきます。**

当然のことながら、**子育ては思い付きで行動しないこと。**

付け焼き刃では、家族みながケガをします。**失敗の経験は、再出発を躊躇させ、子どもを臆病にしていきます。逆に、受取先には、助けの手がいっぱいあって、良い人間関係をつくれる場所であれば、健やかさを取り戻します。**

子ども VOICE　アンケートの声

親のため息……

16歳のときに不登校になって、今は19歳です。

不登校のときにイヤだったのは、親のため息ですね。会話のときもそうだけど、自分がいないときにも聞こえてきたりすると、ますます気分が落ち込んでいきました。

一方で、親がしてくれたことで良かったなと思うのは、「図書館にでも行って、本を読んできたら。視野が狭くなっているんだから広げてきなさい」と言ってくれたことです。学校には行けなくてもそうして、勉強じゃないかもだけど、自分なりに興味のあることを知る時間を持てたのは良かったと思います。その図書館で、『不登校になったら最初に読む本』を見て、ここなら助けてくれるかもと親に相談しました。学園に面談に行ったときに、私のことを初めてわかってくれる大人に出会ったと思いました。

ちょうどその頃、「自分なんていない方がいい……」というくらいまで苦しんでいた時期だったので、あのまま家にいるのではなく、寮生活を始められて良かったです。

親は、叱るわけでも、厳しいわけでもないし、私を理解しようとしてくれているけれど、基本真面目というか、親の価値観で「そうあるべき」という意見が強くて苦しかったです。当時は自分も自分のことがわからなくなっていて、学園の先生たちが、私の状況を親に説明してくれたおかげで助かりました。私も、父も母も、家族全員、助けてもらったと思います。

不登校からの再出発は、親の役割

不登校になるのは、子どもに原因があるとしても、不登校からの再出発は、親の役割であり、責任です。

子どもたちは、自分の進む道を失ったから、家に逃げ込んでいます。ですから、脱出の道を見つけるのは、大人の仕事です。「子どもにどうするの？」と聞くばかりではなく、親が**「この道を信じて一緒に進もう！」**と思える道をつかんでみてください。

親が考えることとして、不登校期間の「教育の空白」をどう埋めるかは、重要課題です。元気学園の仕組みをつくるにあたって、体調不良の子どもたちを元気にするプログラムを軸に、子どもが大人になるのに、どうしても必要になってくる知力、学力、コミュニケーション能力をつける教育を組み立ててきました。

その結果が、毎年国公立大学に合格したり、医学部に現役で合格したりする子が出ることです。生徒たちのほとんどは、進学をしていきますが、その後、就職して、社会で活躍しています。全員の人生を真剣に考えて、それぞれの道を自分の力で歩み続けられるための実力をつけていきます。

勉強は、一日で身につくものではなく、時間をかけて、コツコツ教えて、そこから脳に記憶として定着するようにしていくものです。規則正しい生活習慣なしには、決してできません。そこには、寮生活がたいへん大きく貢献しています。

日々の様子は、元気学園のブログで紹介しています。父母からのブログコメントも読んでみてください。父母の生の声が聞けますよ。

不登校って本当に難しい。とにかく、学びを続けさせるのが難しい。すぐに感情にとらわれてイヤになる、なんだかんだと理由をつけて、ドロップアウトしてしまう難しさもあります。

30年近く不登校の子どもたちと向き合ってきて、**道は茨の道だけど、それぞれの出口があることもわかっています。**それぞれの道。子どもたちと親御さんと一緒になって見つけていきたいです。

子どもを動かせない、どこかに相談に行きたいけれど連れて行けないという父母のために、不登校を乗り越えた家族と、今悩んでいる家族の相談・交流会「不登校を助ける会」を、横浜で立ち上げました。岐阜でも活動が始まっています。

家族に直接話を聞く機会は、なかなかないものですから、同じ悩みを越えてきた経験からヒントを得て、明るい気持ちになる方が一人でも増えていければと思います。この活動を、全国に広めていきたいです。

不登校を助ける会
▼

子ども VOICE　アンケートの声

僕ではなくて、母が「家を出ていく！」と聞いたとき

中１の４月から中２にかけて不登校になって、今は17歳です。高校２年生になりました。

不登校になって母親に怒られたり、怒鳴られたりして、それもイヤだったけど、もっとショックだったのが、僕に「出て行け！」と言うんじゃなくて、母が「私が家を出る！」と言ったことでした。

親がしてくれてうれしかったのは、怒られることももちろんあったけど、全体的に寛容でいてくれたことです。転校やフリースクールなどの選択肢もいろいろ探してくれたこともうれしかった。

僕は今、幸せです。あの日のまま不登校が今も続いていたら、日の光も浴びず、外界に触れず、学習の機会もなく気づいたら大人になっていたかもしれません。

それが今は、いろいろな人とのコミュニケーションができているし、規則正しく生活して勉強もできています。不登校のときみたく一日退化していくのではなく、一日一日進歩していけています。

親こそ迷子になっている。迷路のこたえとは？

「学校に行っていれば、子どもは、それなりに育つ」

普段意識しないほど、親御さんが絶大な信頼をおいているのが学校です。学校に行っていたら、何かを教えてくれて、一日安全に過ごさせてくれるだろう、と。

だから、学校なしにどうやって、子どもを育てていいかわからない。
これが、親が抱える不登校の問題です。

子どもも、親が信じている学校を、いいものだと疑いもせずに毎日出かけていっていたところ、だんだん、嫌いになっていく。学校自体がイヤなのではなく、そこにいる人、そこですることが、耐えられなくなってきて、自分を守るために休み始めます。

親は学校で学ぶことがわが子の幸せにつながると信じていたのに、子どもがそこが苦しいとなると、親も信じるものを失ってしまうのです。

子どもからすると、親の言う通りにしていたら良かったのが、学校に関しては、行けなくなる……。そして信じるものを失った父母を見て、子どもも何を信じていいかわからなくなってしまうのです。焦る気持ちから出てくる行き当たりばったりの親の提案や、これがだめなら、次のこれといった次善の策に、疑心暗鬼を抱く関係に陥っていきます。

こうして、子どもだけでなく、親も迷子になってしまっているのです。

この道を、ずっと進めば、幸せになれるよという未来に希望をもてるようなものを、大人自身が失ってしまっています。**迷路のこたえは、人との出会いから生まれます。自分（親）にないものをもっている人が、必ずいるはずです。子どもだけでなく、親も、良き先生を探してください。**

Column

家族の復活と再生のストーリー

出会いは、一本の電話相談からでした。

はじめての面談はお母さんだけ。子どもが動かないということで、何度も何度もお母さんだけで通ってきました。

毎回、学園の先生と面談をし、顔なじみになると、調理場のお手伝いをしたり、生徒たちと会話をしたりするようになりました。そのうち、お母さんの熱意がお父さんを動かし、お父さんもお一人だけでやってくるようになりました。

そして次に、きょうだいが、父母に連れられて面談に参加してきました。

最後の、肩を押してくれたのは、お兄ちゃん。

「いいところだ、あそこなら元気になれるよ。一番いい選択だよ」

こうして、その子の、元気学園での治療教育の扉が開きました。

もちろん、文字で書くほどシンプルではなく、紆余曲折がありました。しかし、そこには、お母さんの奮闘があり、それが、家族の力を目覚めさせていったのです。

部屋にひきこもり、うまく意思疎通ができない状態から、外に出ていけるようにするのは、並大抵の苦労ではありません。子育てに悩んでいるご家庭は、外から見ると、何の問題もなく幸せそうに見えても、母の心は毎日泣いています。

そこから、「私がどうにかしなければ」と覚悟を決めて動くためには、家族の協力や人との関わりがあってのことです。

子どもに、「信じてがんばってみよう」。そう思わせることに成功したお母さんが、私に教えてくれた言葉は、

「ああ、私には、夫がいる。家族がいる。私一人が戦っているわけではないのだ。いつも隣にいたのだ。それに気づきました」。

お母さんたちは、子どものことで、孤軍奮闘している気分だといいます。決して、冷たいわけではないけれど、子ども理解のピントが合わなくて、夫婦が連携できない。しかし、そこに「つなぐもの」があれば。この家族の場合は、元気学園がそうだったように、問題の本質に切り込み、かつ、つなぐものがあって、家族が味方同士だと認め合っていきました。

この家族の再生と復活のストーリーには、19ページでも触れた、Bエリアでの解決から、Aエリアへつなぐ要素すべてがそろっているので、あらためて解説してみます。

「不登校の二層構造」と「イヤの壁」

● 不登校の二層構造

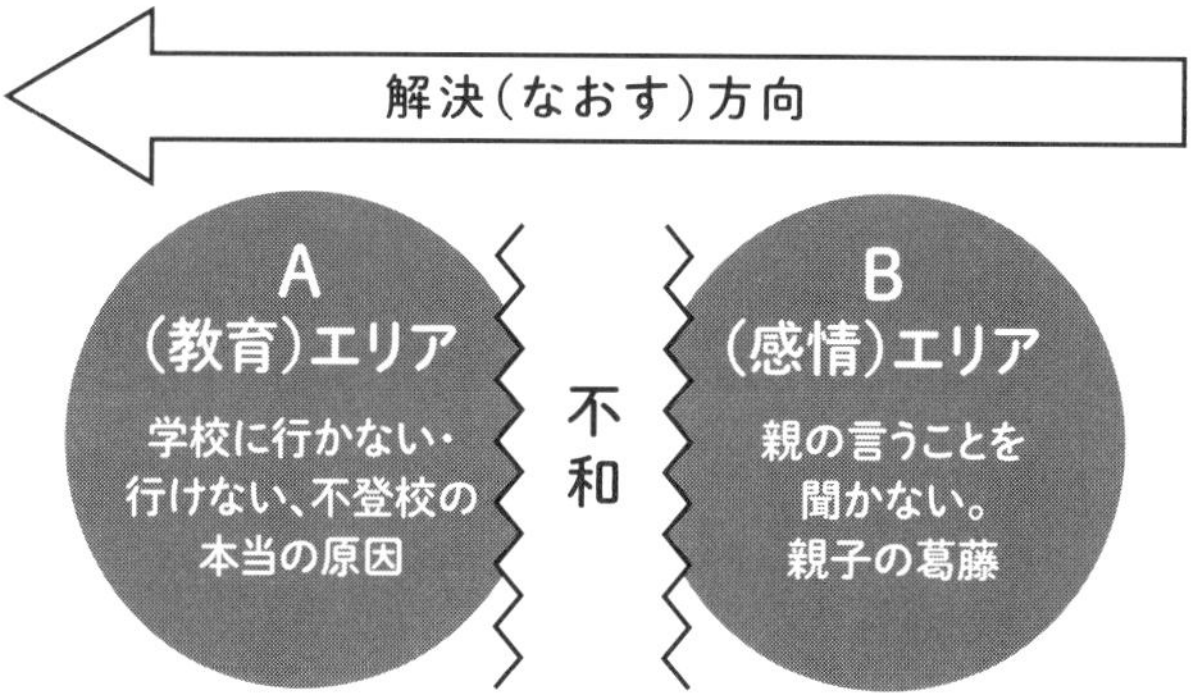
解決（なおす）方向
A
（教育）エリア
学校に行かない・行けない、不登校の本当の原因
不和
B
（感情）エリア
親の言うことを聞かない。親子の葛藤

● イヤの壁（イヤの壁は三重になっている）

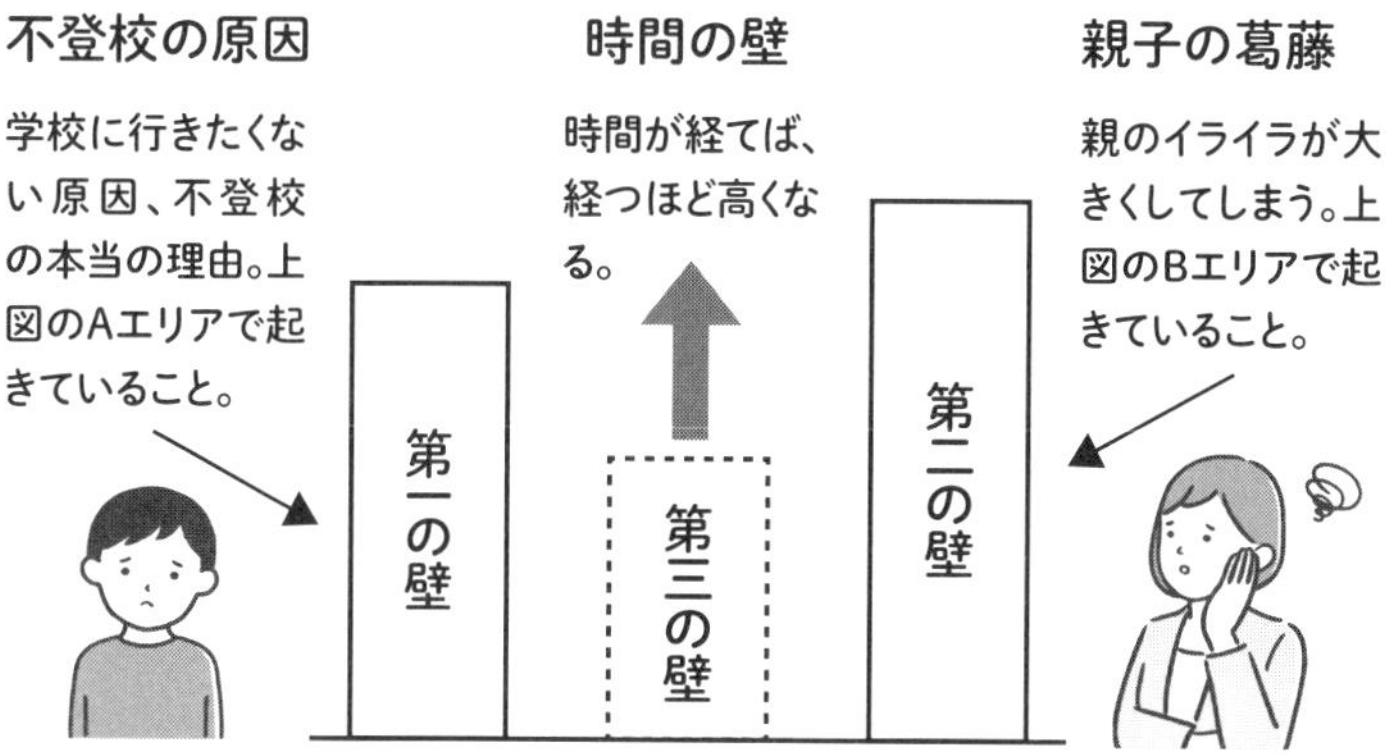
不登校の原因
学校に行きたくない原因、不登校の本当の理由。上図のAエリアで起きていること。
時間の壁
時間が経てば、経つほど高くなる。
親子の葛藤
親のイライラが大きくしてしまう。上図のBエリアで起きていること。
第一の壁
第三の壁
第二の壁

本当は第一の壁を解決しなければいけないのに、多くの家族が第二の壁の前でつまずいています。そして、時間が経つほど、第三の壁が高くなり問題が深刻化していきます。

ちなみに、誤解があるといけないので、最初に言っておきますが、元気学園にくる家族全員が、子どもを動かすのにこれほどまでの苦労をしているわけではありません。半数以上は、面談後、「ここなら、やり直せる」と親子が希望をもってすんなり入る子たちです。入学後は、不登校の本当の原因のところ、Aエリアへと進んでいきます。実際は、ここからが、不登校の本質に向き合っていく難しいところです。

しかし、この本のテーマは、そこに至る前の、Bエリアから抜け出せず、どうすればいいかわからない、どこに進めばいいかわからず迷路に入ってしまって悩んでいる方たちへのアドバイスとなるものなので、それについて詳しく書いてみようと思います。

トンネルを抜けるために、このご家族が選んだのは、たまたま元気学園だったわけですが、私のところである必要はもちろんのことありませんから、そこは、ご自身で、「見る目をもって」、探してください。

『重い荷物を抱える子どもたち』

こうして、なかなか家から外に出ていけない子たちは、重い荷物を背負っているようなものです。その荷物の中には、不安や文句、怒り、恐怖、嫉妬心など、ネガティブな感情がいっぱい入っています。ゲームなどにのめり込むのは、気晴らししているときだけ、その重さから解放されるからです。「子どもに対して感じる難しさ＝子どもの荷物の重さ」と理解してください。その重荷を親が代わってもってあげることで、子どもを動かしていきます。

不登校になったことは、もちろんのことながら、親だけのせいではありません。しかし、不登校からの再出発の道をつくる。言い換えると、「自分の力を使ってみよう」と思えるところまで連れてくるのは親の責任として、本人任せにせずに、親が先導するべきだと考えています。

なぜなら、失ってしまった自信を取り戻し、もう一度やってみようと思えるようになるには、人の大きな助けが必要だからです。子ども一人に任せてしまうのは、あまりにも負担が大き過ぎる。大人は、子どもより、ずっと力があります。子どもを助ける親には誰だってなれるのです。

そして、人との出会いです。

このケースでは、子どもを助けるために、扉を開いたのは、お母さんです。自分の力では解決できないから、お手上げをした。そして、今の周りにあるものでは、解決できないから、新たな出会いを求めて、探した。まずは、実際に足を運んで、見てみようと思った。行動力のエネルギー源は、愛情なのだと思います。

面接にきたときに、学園の先生に話を聞き、**この考え方のもとなら希望があると、母が信じたことで、物語が進行していきました。**

生徒の様子を見て、「うちの子も、このメンバーに入れてもらったら元気になれるんじゃないか」と思ったといいます。未来の姿が、イメージできて明るい気分になったということです。

でも、子どもにはなかなか通じない期間が長かったといいます。それは、子どもが負っている荷物が重かったということです。

母だけで抱えきれないときは、与力が必要です。お父さんの助けが必要です。

『そのとき、お父さんは？』

妻が子どものことで一生懸命になっていて、「あなたも一緒に行って先生の話を聞いてほしい」と頼まれたということが、きっかけになる場合がしばしばあります。

この例でも同じで、よくわからないけれど、妻の熱意を感じて、父が動いた。

妻と息子から少し距離をおいて、冷静に見ているけれど、先生方から「評論家では、お子さんは救えませんよ」と言われ、その言葉をはじめ、さまざまなアドバイスを家に帰ってよく考えて、これは、「ただ事ではないぞ」と認識を新たにしたといいます。

親が迷子になっていることに気づいて、親が学ぼうとする。これって決し

て恥ずかしいことでもないし、むしろ、迷路脱出のための大きな一歩です。

家族のことに関して、お父さんは、最終アンカーです。特に息子については、お父さんの存在が大きいです。お父さんがどう思っているのかを、驚くほど気にしています。父・息子の間だけでなく、子どもはみんな、親に褒められたいし、認められたいのです。

『問題の核心に迫っていくもの』

親子三人そろって、一度、面接に来られました。

私たちにとっては、本人の様子を見ることができたおかげで、何が問題なのかがわかりました。原因がわからなければ、対処方法がないように、何が起こっているかを知ることで、積極的な介入ができます。そっとしておくのではなく、切り込んでいくことで、道は開けていくのです。

家族だけで解決できない不登校の問題には、信頼できる第三者の存在が

不可欠です。この家族にとっては、それが元気学園でした。

私たちが、子どもや親御さんに出会ってすることは、「**見極め**」です。**家族に何が起こっているのか、原因は何か、どうしたら助けられるのかを見極めていくことが何よりも重要だと考えています。**

不登校の原因にあたるものが、ズバリとつかめて、合っていれば、子どもが動き、元気になっていきます、一方、ピント外れだと時間だけ過ぎていきます。私たちのところは、出会ったその日から、治療教育が始まっていると考えて、最初から真剣です。

しかも、子どもたちを預かってなおすということをしているので、いい加減なことは言えません。預かった途端、親が、学校が、本人が、困っていることのすべてを背負うことになります。しかも、結果を求められる。気楽に「待ちましょう」とは言っていられない責任の重さを感じます。「本当にこの子をなおせるのか？」を考えます。

ちなみに、ピントが合っているかどうかの判断は簡単です。

「**一日の時間の使い方**」。これを見れば、すべてがわかります。未来は、今日がつくっているから、今日何をしているかが、半年後にあらわれます。

また、子どもだけでなく、信用できる親かどうかも判断します。寮生活では、他人と同じところで生活を始めるわけですから、どの家庭も、今日から泊めてくださいと見ず知らずの人を家に入れて生活するのは不安ですよね。それと同じように、このお母さんが育てた子だから、大丈夫という安心感も必要です。

実のところ、**出会ったその日に、卒業するときのことを想像します。**将来どうやって食べていくのか、家族の軟着陸点を見極め、どうやったら、そこに到達できるかをイメージするのです。

面談では、家族全体にアプローチをして、それぞれの力が使えるようにアドバイスをしていきます。

『パイプから何を流すか』

お父さんお母さんは、子どもとの接点を唯一もっている人で、パイプ役です。パイプをどこにつなぐか、パイプから、何を流すかの二つに絞って説明します。パイプのつなぎ先は、親が「これならうまくいく！」と、信じて選んだ人（方法）です。そこから、流すのは、頼った先のアドバイスに従うのが良いでしょう。

元気学園では、お母さんの性質、お父さんのものの考え方、子どもとの関係、また、実際にその子に会える場合は、もっと多くの情報があるので、健康面や学力、社会性などそれらを総合してアドバイスするため、対応は一人一人で全く違います。

共通しているのは、**すべての父母たちに、「あなたが大切だ、元気になってほしい」という気持ちをお子さんに伝えてもらうところです。**

反応が悪いと、「いつまで続ければいいの？」とイライラした気持ちになるかもしれませんが、それは、「伝わるまで」です。その子にとって、重い荷物を抱えているのでしょう。通じない期間は、子どもの苦しみを理解し、思いやる時間です。これまでの関係や学校や社会であったイヤなことが、猜疑心を強くしてしまっているのです。子どもは、親の覚悟をじっと見ています。こうして、家からすぐに出てこられなかった子どもたちに聞いてみると、全員が、親が本気だとわかったときに、動こうと思ったと言います。親の本気度や覚悟が通じるまでに時間がかかるのでしょう。

毎日変わらない日々のように思うかもしれませんが、今までかわいがってきたわが子です。その愛情と結びついて、必ず通じる日が来ます。

『家族の力。自分には、頼れる人がいると認識』

面談を通して、家族が再結成されていくようです。不登校の原因になることへの問題解決には、無力であっても、親は、子どもを助ける人のもとに届けることはできます。

大切な子どもを、手から手へ渡す。子どもの不安を取り除くのは、家族の力です。

赤ちゃんは、初めて食べる食材をイヤがります。そのときに、ママが目の前で、「おいしい、おいしい」と食べる。そうやって、子どもは、大好きなママが大丈夫というのだから、これは安全だと、認識していきます。これと同じように、信頼をもとに、子どもの不安を取り除くようにしていきます。一人より、二人、二人より三人が、子どものために集結していく。父と母が一生懸命になっていると、きょうだいが「手伝うよ」と言ってくれます。自分も家族の一員だから、「手伝ってくれって、頼んでほしかった」という妹や弟もいるし、「私よりお兄ちゃんを優先して！　せっかく先生を見つけたのだから」と子どもの方から、優先順位の一番は誰かを教えてくれた家族の話も、元気学園にはたくさんあります。

悲しみや苦しみも悪いことばかりではありません。それがきっかけで、家族が再集結し、そして、涙を流した分、雑念が洗い落とされ、純真な気持ちになっていきます。

心を開いてみると、家族がこんなにも頼れる存在であったと気がつくのです。

『もう一度、信じてみる』

子どもが取り組もうとしないのは、自信がないからです。自分を十分に信用できなくても、親を信じて、家族を信じて、先生を信じて、一歩を踏み出す。頼るに値すると認められた者たちの力を借りて、「もう一度、自分の力を使って、やってみよう」と、立ち上がるのだと思います。

お母さん、お父さん、家族みんなが、重い荷物を分けあって、もってあげる。

失ってしまっていた自信を、周りの愛情で取り戻して、安心な人へとつないでいってみてください。**大切なものだから、手から手へ。**

ある生徒が入学してから1年が過ぎて、みんなの前で語った言葉は、「親の言うことは聞いてみるものだ」。「お母さんが、家族が、自分の危機を救ってくれた」と、時間が経てば経つほど、実感するようです。

不登校の子どもをもつ大変さは、経験した人にしかわからない

子どもがゲームやネットの世界に流れ込むのを救い出すには、子どもの相手をしないといけないけれど、仕事をしていると、とても時間が足りない……。

また、学校を休むときは、「すみません」といった気持ちになり、毎日同じ連絡の繰り返しとなればいよいよ心苦しい……。

それで子どもに注意や批判ばかりしていたら関係が悪くなるし、だからといって、褒めてばかりもいられない……。

これからのことの話し合いをしようとすると、「またか」とイヤそうに逃げられる。

ご機嫌を取りながら、「どう言えば『うん』とうなずくのだろう？」と探りながら話をすると、すごく気を遣う……。

ご飯だけは三食しっかり食べさせたいけど、好きなものばかりでも飽きるから、何にしようか考えて準備をするけれど、子どもはコンスタントに食べるわけでもない……。動かないと食べないから、一緒に散歩にでもいこうとしても、誘い出して、出かけるまでにずいぶん時間がかかる……。

ジレンマばかりですよね。

子どもを動かすのに苦労している方たちを応援するために、不登校を解決した家族と今悩んでいる家族の相談・交流会の活動を横浜や岐阜でしています。そこで、あるお母さんが、「**不登校の子どもをもつ大変さは、誰にも理解してもらえない。はじめて、私と同じ悩みをもっている人に出会いました**」とおっしゃっていました。また、学校の先生など、他の人に悩みを打ち明けようとしたけれど、「どう言っていいかわからない。言葉では表せない」とも言っていました。読者の方も、そう感じる方がいらっしゃるのではないでしょうか。

家庭の中で、注意する人と褒める人、先生とお母さん、準備する人と実行する人と、一人が何役もするのは、本当に大変なことです。

不登校の子どもをもつ親は、同じような悩みを抱えていると思います。

悩んでいるのは、あなただけではありません。

元気学園のホームページに、父母らの体験談があります（「この指止まれ　父母の体験記」）。

悩みのトンネルを抜けた人の話を聞くと元気が出ますよ。また、脱出のヒントを得られるかもしれません。

この指止まれ
父母の体験記
▼

誰に相談するかで、こたえは半分出ている

実のところ、**どこに相談に行くか・誰に相談するかで、こたえは、半分決まっています。**

「どうして？」と思われるかもしれませんが、ピンとくるものも、これまでの自分の中にあるものと呼応しているわけですから、そこで、無意識であったとしても選択が行われています。

しかも、**相談にいった場所で、こたえはある程度予想できてしまいます。**

頭痛で病院に行ったとします。内科なら、風邪かも。脳外科なら、脳のＣＴをとりましょうか。歯医者に行って頭痛を訴えたら、虫歯があるかもねと、それぞれの専門分野から原因を考えていきます。

このように、病院なら、まず訴えを聞いて、その医師の専門分野からからだに病気があるかどうかを診てくれます。学校の先生のところにいけば、学力や授業中の様子、カウンセリングが扱うのは、問題そのものではなくて、それに対する感情や態度です。相談から一歩深まって、直接子どもにアプローチする方法となると、そこがもっている手段でしか提案できません。

たくさん方法をもっているところは、その子に合わせて、いろんな方法を提案してくれるし、少しのところは、一つの方法をすべての人に適用しようとします。

元気学園で相談を受けるときは、できるだけ視点が偏らないように、医療の面からは医師、教育の面からは経験豊富な先生というように、複眼でみるようにしています。また、栄養の専門家や、専門医のネットワークがあるので、気になることがあれば、さらにその道のプロに直接相談して、必要があれば診察してもらいます。

不登校の原因は、複合的で、一人一人でま〜〜〜ったく違います（『不登校になったら最初に読む本』の第三章：不登校の原因をさまざまな角度から見てみようを参考にしてください)。

また、親がどんな人かによっても、助け方が変わってくるので、出会ってみないことには、わからないのですよ。不登校について、28年間、考えに、考えて、考え尽くしてきました。出会った親子には、これまでのすべての経験を合わせた最善のアドバイスをしたいと励んでいます。ご縁があれば、お会いしましょう。

悩みの原因に切り込んでいかないと問題解決にはならないのですが、気持ちを聞いてくれたら、その日だけでも気分がすっきりするように、どんな取り組みも短期的に見れば効果があります。しかし、求めていることはその日限りの気分転換ではないはずなので、長期的な視点からアドバイスしてくれるところを探し出してください。

想像力のピントがあったところに相談にいけば、子どもの顔に笑顔が、そして、実力をつけることが始まります(一日の時間の使い方が変わるということです)。

見る目をもって人を探す：眼とは歴史の産物である

自分のもっているもの、すべてを賭けて、見る目をもって頼れる人（良き先生）を見つけてください。と言ってきましたが、「目」について、フランスの社会学者ブルデューが、このように語っています。

「眼」とは歴史の産物であり、教育によって再生産される

眼とは、これまで自分が学んできたもの、親からの躾、所作、自分をとりまく社会で無意識に身につけてきたものも全部含めて、つくり上げられたものです。自分の歴史が、そこに表れるのです。

子どもの不登校は、親子にとって、働くことにつながる大きな問題をはらんでいます。

長い間、不登校を見てきて、他人には語られることのない家族だけの深い苦しみを知っているからこそ、繰り返さないでほしいという希望をこめて、大きな問題と断言できます。

だからこそ、人任せにせず、その自分の目でしっかり見て、自らを、また、子どもを助けてくれる人（先生）を見つけてもらいたいと思います。できれば早い年齢で、小中学生は中学生のうちに、高校生は高校生のうちに。

人を見る目というのは、人生のあらゆる場面で発揮されます。仕事においても、誰を師と仰ぐか、また、誰のもとにつくかで、将来性が変わってきます。つまるところ、自分ができなくても、できる人を見分ける、「見る目」があればいいのです。

後半の、教育によって再生産されるというのも興味深いことで、純粋な眼は存在しなく、好き嫌いも、社会階層や生活習慣によってつくられてきたものだといいます。

親から子への家の文化、授けた教育で、眼がつくられていきます。見る目の教育は、責任重大です。

困難に遭遇したときに、誰を選ぶかは、見る目の教育です。

誠実さ、嘘偽りのなさ、言葉巧みではない真摯なもの、わが家の問題解決にとってこたえをもっている人は、こういう人だと、不登校を通して、親が子どもに教えることができます。

本当に優しい人は、どんな人？

父母らのアンケートを見ても、不登校になって学校の先生も親切にしてくれた、カウンセラーもよく話を聞いてくれた、ソーシャルワーカーもみんな、よくしてくれた……、でも、何も解決しなかったのです、という声が集まりました。

周りに感謝しながらも、よくならない。問題がずっと残り続ける。

親御さんの多くが優しい人が好きで、耳触りの良い話を求めています。

しかし、こと不登校問題に関しては、優しい言葉だけでは何も変わらず、誰かが深く介入しなければ、子どもの抱える困った状態がそのまま温存されて、年齢と共に問題が大きくなってしまいます。

例えるなら、会社を倒産から救うのは、「困ったね、無理しなくていいのだよ、君は悪くないよ……」と、自分は安全な場所にいて優しい言葉がけをしてくれる人ではなく、問題に切り込み、痛みを覚悟し、厳しくも共に戦い、社員の生活を守ってくれる社長でしかありません。

不登校問題も、同じなのだと思います。

問題の先送りを止めるために、あなたの家族にとって、本当に優しい人とはどんな人かを考えてみてください。

不登校は、困難に出会ったときに、どう考え、対処するか、親の生き様を子どもに示すことになります。

本当の優しさとは何か、どんな人を頼るのか、何を聞き入れるのか、ひとつひとつ丁寧に向き合うことで、明るい未来の扉を開いていきたいです。

あとがき

幸運は出会いがもってくる

みんなが先生を囲んで、朝からワハハハハと笑う声。毎日一度は、全員で笑っている生活です。クスクスでも、コソコソでもなく、ギャハハハでもなく、顔をあげて、ワハハハハ。幸せだなと思います。

子どもたちは、学園生活の中で、困ることはありません。誰かに頼って誰かに助けてもらえることを学んでいきます。勉強したり、運動したり、学生らしいことをきちんとしているから、堂々と屈託なく笑える。

人を助けるのは、人だから、幸運は、出会いがもってくるものです。

読者の方には、いい知恵をもっている人に頼って、幸せの扉を開いていってもらいたいです。

頼ってみてもいいですか？

「頼ってみるのもいいものだ」と書いたので、私もこれを読んでいる誰かに、勇気をもって頼ってみたいと思います。というのは、こうして、子どもを元気にすることには自信をもっているのですが、この方法をもっと多くの方に届けたいと思ったときに立ちはだかるのは、お金のこと……。もちろん目的としてではなく手段としてです。もし10億円あれば、考えていることをすべて実行できます。それはムリでも2億円あれば、校舎が建つ、それは、ムリとしても……と、いつも悶えています。

寮で預かることで、生活すべてを変えて新しく人生をやり直しできるのですが、何せ通学と違うのは、昼と夜とで建物も二倍必要で、時間も24時間体制です。さらに寮は男女を分けて、そこにはセコムに守ってもらって、のびのびといられる場所もないと息が詰まるからと、日本平キャンパスを拡充してきて、それぞれに負担という重い荷物が増えていきます。すべてもっている公的機関がうらやましいです。

学校をつくりたいと思っているけれど、常に壁があって、その前でもがいています。

子どもを元気にする方法はあるけれど、実行するだけの力がないのです（涙）。**未来を担う日本の子どもたちのために、いいことをしたいという方や企業の方、力を貸してください。**

少子化対策としての不登校支援

日本の未来のためというのは、不登校対策が少子化問題も解決する点にもあります。今もこれからも日本は、子どもの数が減って、少子化の勢いが止まりません。少子化対策として不妊治療なども行われており、これから生まれてくる子どもたちへの支援として注目されています。しかし、それだけでなく、今、すでに生まれてきて、存在がそこにある、不登校の子どもたちにも温かいサポートをいただきたい。

不登校の子どもたちは早い年齢でその子にあった助けがあれば、社会に貢献できる人材になります。しかし、そのままであれば、小中高校生のときの悩みを抱えたまま、引きこもってしまったり、働けないでいたりする人がこれからも増えてしまいます。

社会を支える側か、支えてもらう側になるか、中高生のときにどんな助けをしてもらえるかで、大きく変わるのが不登校の問題です。私は、そう考えて、力を尽くしています。

元気学園を応援してほしい

子どもがこんなに元気になるのなら、ぜひ教えてほしいと、今まで、生徒たちが在籍する教育委員会や校長先生からの要望にできるかぎりこたえてきました。

しかし、みなさん突き詰めていくと、「真似できない、同じようにはできない」とおっしゃいます。

数学や英語のような認知能力といわれる教科学習は、指導法を教え合うことができます。しかし、非認知能力である自立心や忍耐力、協調性、思いやり、道徳などは、教科学習のように教え合うことができないと言われています。

子どもたちを再出発させるのは、この非認知能力を高める必要があり、これは「人」

に宿っているものです。

長い間につくりだした良い〝麹菌〟のようなものが元気学園の中にあって、新しい子を一人入れて、発酵させて、それが安定したら次の子を入れていくといったふうにして子どもたちを元気にしています。

ですから、どうか、私たちの方法をそのまま使えるように、元気学園を応援してもらいたいと願っています。

若者が働く場所

元気学園に集まるのは、基本的に進学を希望している子どもたちですが、もうひとつ取り組んでいる「自活館」は、年齢も少し上で、大学ではなく、働けるようになることを目的として活動しています。大学進学や就職ができる子たちはいいのですが、からだが弱くてどうしても体調を崩しやすかったり、慢性疾患があったり、優秀だけれど、人とうまくやるのは苦手なタイプもいます。

そういう人たちも、弱いところを知って、そこを補ってくれる家族的な集団があれば、毎日活発に仕事ができます。そこで、どこかに勤めに行くのではなく、収入を得られるような仕事を探し続けています。事業継承などで、若者に自分の技をつなぎたい方、いないでしょうか？

自活館
▼

元気村構想

一人っ子も多く、結婚しない人も増える時代に、もう一つの家族をつくりたい！
元気学園の30年近い寮生活の経験から、他人であっても家族になれる、困ったときに助け合う形は、実証実験済みです。

若者の働く場所があって、収入があって、そこに家族をつくる。心が弱ったときに帰ってこられる場所となり、新しいメンバーを迎え入れて、一つの村として機能する、これが元気村構想です。保育園や病院、高齢者施設、こういったものもあればいいと思っていますし、少しずつ形にしていっています。

疲れたときに、「うちにごはんを食べにおいでよ」と言ってくれたり、おせっかいで「ご飯を届けるよ」と家まできてくれる人がいれば、孤独にはなりません。

赤ちゃんから高齢者まで、村人たちが助け合えて、また、いつきても、「ご飯はあるよ」といえる、元気村をつくっていくのが、私の夢です。

不登校シリーズの続編

不登校シリーズは、今のところ4冊で完成と考えています。

2015年に刊行した一冊目の『不登校になったら最初に読む本』は、不登校の原因から治療教育までが書かれています。不登校の全体像がわかるものです。

二冊目のこの本は、不登校からの再出発の一つ目の扉をひらくための親の考え方がテーマでした。親子関係は、一生続くものですから、不登校になったから親子が仲違いするのではなく、不登校のおかげで親子の理解がすすんだという関係になってほしいと願って書き進めました。

そして、三冊目は、一つ目の扉を開いた先で、何をポイントとして、どんな教育が必要か、不登校教育の中核となるものです（私の最も書きたいテーマでもあります）。最後は、不登校の勉強の話。不登校と勉強は切っても切れない深い関係です（元気学園の長年の研究テーマです）。これについてもいつかまとめたいと思っています。

ようやく、半分まできました。続きの二冊が、出版にたどりつけるよう、私も毎日を一生懸命に過ごします。みなさんとお目にかかるときがあるなら、一緒に不登校の迷路の脱出に悪戦苦闘しますので、どうぞ、ご支援をよろしくお願いいたします。

最後に

この本を書くにあたって、惜しみない協力をしてくれた、元気学園職員に感謝します。学園スタッフが、自分の生活より何より、子どもたちを大切にしてくれるおかげで、治療教育の仕組みが続いています。いつも助けてくれてありがとう。そして、生徒たちへ。〝静岡の家族〟として、大いに協力をしてくれました。いつも、ありがとう。明日もワハハと笑いましょう。

卒業生と、在校生の父母たちが、アンケートの協力依頼にすぐに賛同してくれて、「自分の悩みの経験が誰かの希望になりますように」と生の声を届けてくれました。ありがとうございます。後援会も発足し、「元気村構想」にもいろんなアイディアを出してくれています。同じ船に乗って、未来を創ろうとしてくれる人がいることが、どれほど心強いか。ありがとうございます。

また、私のブログをみて、「本を書きませんか？」と声をかけてくれた田中庸一さん、あの手紙をもらったおかげで、今回も本が出来上がりました。一冊目からずっとお世話になっていて、どんどん元気学園のことに詳しくなっているのがありがたいです。今はフランスからお手伝いしてくださった水島千紗さんも、前著からの編集者です。今回もいろいろな意見をありがとうございました。そして、版元であるクロスメディアの菅一行さんと三橋京音さんの出版のご準備のおかげで、この本が世に出ることができます。ありがとうございます。

最後に、この本をここまで読んでくださった、あなたに感謝を申し上げます。
不登校で困ったときは、ひとりで悩まないように。「**頼ってみてもいいんです**」。

２０２１年10月吉日
元気学園校長　小林高子

【著者略歴】

小林高子（こばやし・たかこ）

フリースクール元気学園校長
工学博士（脳の神経伝達物質についての研究）
同学園では、不登校の子どもたちを元気にする際、体調不良に着目して、からだと脳の機能を高める独自のカリキュラムで治療教育をしている（イメージとしては、病院と学校と家庭が合わさったようなところ）。中高生をメインに、小学生から受け入れており、寮があることで日本全国だけでなく海外からも生徒たちが集まっている。
また、不登校を解決した家族と今悩んでいる家族の相談·交流会「不登校を助ける会（横浜・岐阜）」や、働けるようになるためのトレーニング施設「自活館」、体調不良のある女の子とお母さんのためのクリニック「草薙駅前レディースクリニック」など、不登校の解決をサポートするための包括的な取り組みを続けている。
著書に『不登校になったら最初に読む本』がある。

不《ふ》登《とう》校《こう》、頼《たよ》ってみるのもいいものだ

2021年12月1日　初版発行
2022年1月20日　第2刷発行

発行　**株式会社クロスメディア・パブリッシング**

発行者　小早川幸一郎
〒151-0051　東京都渋谷区千駄ヶ谷4-20-3 東栄神宮外苑ビル
http://www.cm-publishing.co.jp
■本の内容に関するお問い合わせ先 …………………… TEL (03)5413-3140 ／ FAX (03)5413-3141

発売　**株式会社インプレス**

〒101-0051　東京都千代田区神田神保町一丁目105番地
■乱丁本・落丁本などのお問い合わせ先 ……………… TEL (03)6837-5016 ／ FAX (03)6837-5023
service@impress.co.jp
（受付時間　10:00～12:00、13:00～17:00　土日・祝日を除く）
※古書店で購入されたものについてはお取り替えできません

■書店／販売店のご注文窓口
株式会社インプレス　受注センター …………………… TEL (048)449-8040 ／ FAX (048)449-8041
株式会社インプレス　出版営業部 …………………………………………… TEL (03)6837-4635

カバー・本文デザイン　小泉典子
カバー・本文イラスト　hisa nishiya（iStock）
印刷・製本　株式会社シナノ
ISBN 978-4-295-40627-3 C2037